CHARLES TRENET

80 rue du faubourg Saint-Denis
75010 Paris

# CHARLES TRENET

PIERRE-JEAN CHALENÇON

DÉDICACE DE
JACQUES HIGELIN

SCALI

# SOMMAIRE

# DÉDICACE
# PAR JACQUES HIGELIN

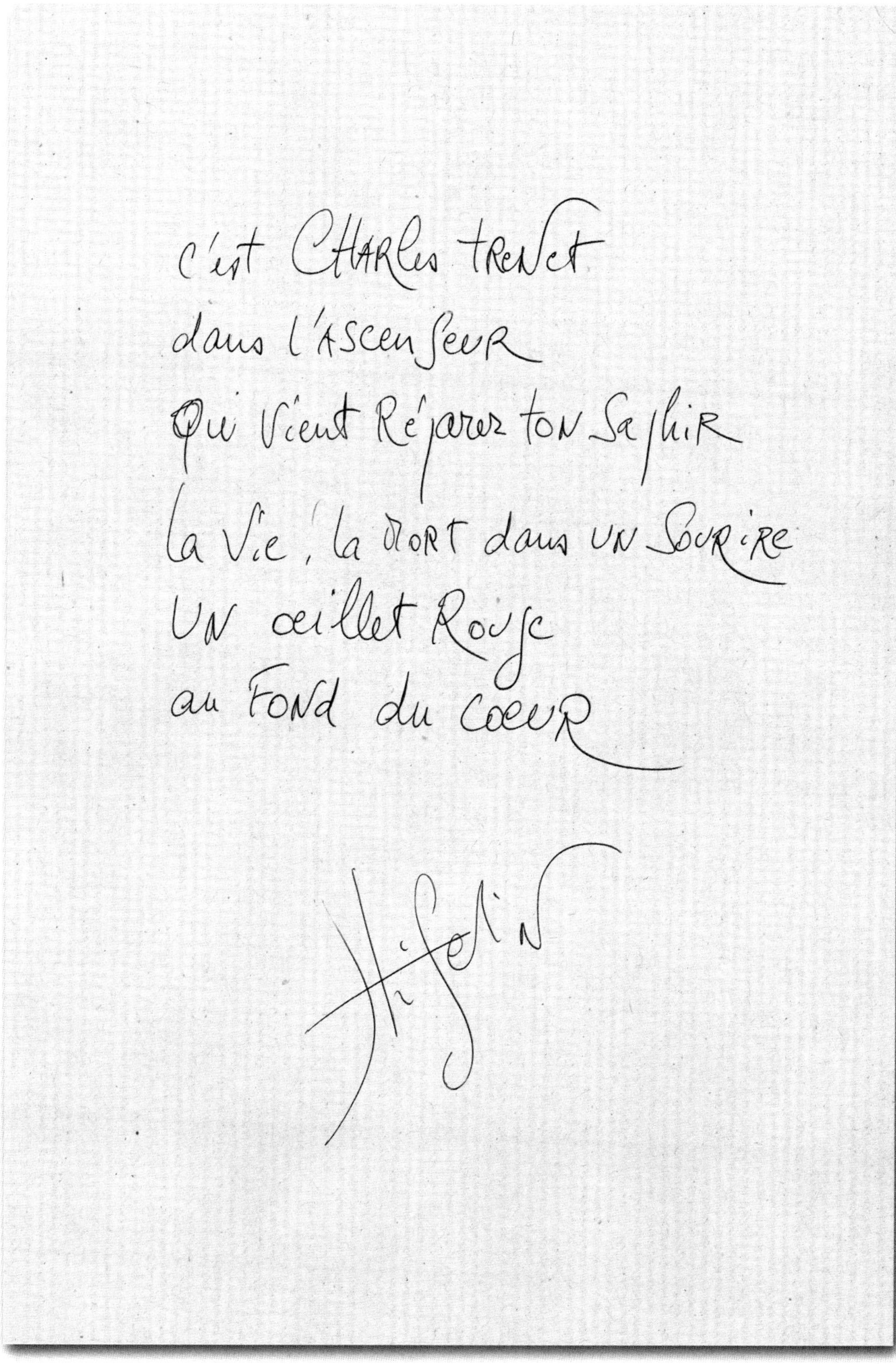
c'est Charles trenet
dans l'ascenseur
Qui vient Réparer ton Saphir
la Vie, la mort dans un Sourire
Un oeillet Rouge
au Fond du coeur

Higelin

C'était en 1987. Il y a vingt ans déjà, Jacques Higelin rendait un immense hommage à Charles Trenet en l'invitant à le rejoindre sur la grande scène du Printemps de Bourges. Grâce à lui, une nouvelle génération découvrait alors le génie du Fou chantant que l'on n'avait plus vu en *live* depuis 1975.

Charles Trenet renouait avec la gloire. Les tournées et les enregistrements ne cesseront plus jusqu'à sa mort, à 87 ans, le 19 février 2001.

Aux yeux de Trenet, Higelin était le plus doué de tous. En 2005, Higelin reprend sur scène les chansons de Trenet. C'est un triomphe dans la France entière. Septembre 2005, *Higelin enchante Trenet,* l'album de cette tournée, est publié chez EMI.

Jacques Higelin nous offre cette dédicace, entre chanson et poésie :

*C'est Charles Trenet dans l'ascenseur*
*Qui vient réparer ton saphir*
*La vie, la mort dans un sourire*
*Un œillet rouge au fond du coeur*

À gauche : Charles Trenet et Jacques Higelin dans les coulisses du Printemps de Bourges 1987.

# JE M'ENTENDS ENCORE RÉPONDRE À MON AMI : « MAIS CHARLES TRENET N'EST PAS MORT ? »

Nous sommes en 1989. Je viens d'avoir dix-huit ans. Un soir, je reçois un coup de fil de Jean-Jacques Debout, rencontré par l'intermédiaire d'une amie de mes parents, qui me propose de l'accompagner, lui et Jacques Pessis (célèbre pour ses papiers dans le *Figaro*), à un concert de Charles Trenet à Rungis. Ma première réaction est la surprise. Je m'entends encore répondre, un brin goguenard, à mon ami : « Comment ? Mais Charles Trenet n'est pas mort ? ». Il faut citer à ma décharge la pièce suivante : mes parents ont largement exclu la musique de mon éducation, et je ne connais de Trenet que ses plus grands succès, sans avoir jamais cherché à en savoir plus sur lui et son œuvre.
Jean-Jacques fait partie depuis longtemps de l'entourage de Trenet. Lorsque nous arrivons sur place, Georges El Hassidi, secrétaire et chauffeur du « fou chantant », nous introduit dans la loge de l'artiste. Absorbé par la perspective du spectacle qui doit commencer quelques minutes plus tard, il nous remarque à peine.

Le spectacle est merveilleux. C'est d'ailleurs, je l'imagine déjà, son quotidien. Lorsque le concert prend fin, nous le rejoignons en coulisse. Du haut de ses soixante-quinze ans, il rayonne d'une lueur juvénile. À l'entracte, j'achète une affiche et lui demande de me la dédicacer. Jean-Jacques Debout m'a présenté avant le spectacle comme le « mime parlant », un surnom qu'il m'avait donné parce que j'ai toujours gesticulé pour appuyer mes discours et mes imitations.

Pour me signer l'affiche, Charles Trenet me demande mon véritable nom. Je ne sais pas pourquoi, mais je m'obstine à lui dire « le mime parlant », ce qui le fait sourire. Finalement, il obtient gain de cause et moi j'obtiens mon affiche dédicacée. « Allons chez Lipp ! », propose alors Trenet.
Nous voilà partis à Saint-Germain-des-Prés. Nous ne sommes pas montés dans la même voiture. Souvent, il me fait signe. Il me dira plus tard que je lui rappelle sa jeunesse. Le dîner est sympathique. Il y a, en plus de Jean-Jacques et Charles, l'animateur Vincent Perrot, Jacques Pessis et Georges El Hassidi. Tous claironnent la « private joke » du moment : « Lipp Lipp Lipp Hourra ! ».
Je suis jeune mais, finalement, pas si impressionné. Après le repas, nous enchaînons avec une sortie dans une boîte appelée « L'Orange bleue », appartenant à Christian Lebon qui est, comme je suis en passe de le devenir, l'un des nombreux fils spirituels de Charles Trenet. En voiture avec Jean-Jacques Debout, nous sommes arrêtés par la police et nous restons coincés une bonne demi-heure à

Charles Trenet et Pierre-Jean Chanlençon, qui se souvient : « Il a confiance en moi et je lui en suis à tout jamais reconnaissant. Au fil de toutes ces années, il me confie dans l'intimité des pans entiers de sa vie. Loin du milieu frivole du spectacle, j'ai l'honneur de côtoyer Charles, tout simplement. »

parlementer avec les autorités pour rejoindre la bande. Une fois là-bas, je profite d'une soirée exceptionnelle, unique. C'est Vincent Perrot qui me raccompagne au petit matin.
Telles sont les circonstances dans lesquelles je découvre un grand poète moderne. Ce matin-là, en me couchant, je n'en ai qu'une conscience confuse. Je suis très loin de me douter qu'une amitié sans borne germe entre Charles et moi. Je suis très loin d'imaginer que je ne serai pas près d'oublier cet homme qui m'a offert, en plus d'instants privilégiés à ses côtés, les rudiments d'une culture, d'une maîtrise de l'esprit et du langage qu'il m'a laissé totalement libre de développer selon mon propre caractère.
Il a confiance en moi et je lui en suis à tout jamais reconnaissant. Au fil de toutes ces années, il me confie dans l'intimité des pans entiers de sa vie. Loin du milieu frivole du spectacle, j'ai l'honneur de côtoyer Charles, tout simplement.

Afin de lui rendre hommage et de préserver une image que l'ignorance ou la jalousie peuvent parfois déformer, je livre dans le présent ouvrage des souvenirs qui, je l'espère, restitueront fidèlement la silhouette d'un homme digne du plus grand respect et du plus grand amour.

*Car mon amour est plus vif que l'éclair*
*Plus léger qu'un oiseau qu'une abeille*
*Et s'il fait boum, s'il se met en colère*
*Il entraîne avec lui des merveilles.*

Charles Trenet, le jeune prodige, symbole d'une France joyeuse lâchée sur les routes, considéré comme le père de la chanson française, figure si proche, si familière pour un pays tout entier...
Pourtant, il ne parlait pas de lui volontiers. Ce n'est que bien après notre rencontre qu'il acceptera, de temps à autre, à la faveur d'une soirée prolongée, de me confier quelques souvenirs.
Charles voit le jour dans la ville de Narbonne, le 18 mai 1913. En ouvrant son regard sur le monde, il assiste aux derniers flamboiements de la Belle Époque. Bientôt, le monde occidental subira une violente secousse qui le parachutera dans l'ère moderne.
En attendant, Marie-Louise Trenet, née Caussat, femme fantasque et trop libre pour une époque où la jeunesse d'esprit ne se revendique guère, donne le jour au futur « fou chantant », dans ce Roussillon qui va bercer l'enfance de Charles et où il n'aura de cesse de revenir tout au long de sa vie. Deux mois plus tard, la famille Trenet quitte Narbonne pour Saint-Chinian où le père exerce la profession de notaire.
La vie s'écoule paisiblement dans les campagnes du Sud. Puis vient la mobilisation, qui prive Charles de son père pendant de longues années. Avec sa mère et son frère aîné Antoine, il retourne vivre à Narbonne.
À la fin de la guerre, les Trenet se retrouvent enfin au complet ; ils s'installent à Perpignan. C'est là qu'éclot chez le petit Charles cette lumière vive et insolite qui le caractérise. Cocteau lui-même remarquait que bien des poètes poussent en terre catalane...
Mais à nouveau la famille se sépare, et de manière définitive, cette fois : en 1920, les parents divorcent, et Charles et Antoine se retrouvent en pension à Béziers. Ce sera une expérience traumatisante que Charles n'oubliera pas lorsqu'il composera les premiers textes de ses chansons. Lui pour qui la liberté est une seconde nature ne peut qu'abhorrer la vie de pensionnaire. Il ne tient pas en place. Chassé pour indiscipline, il rejoint son père à Perpignan.

**CHARLES VOIT LE JOUR DANS LA VILLE DE NARBONNE, LE 18 MAI 1913. EN OUVRANT SON REGARD SUR LE MONDE, IL ASSISTE AUX DERNIERS FLAMBOIEMENTS DE LA BELLE ÉPOQUE. BIENTÔT, LE MONDE OCCIDENTAL SUBIRA UNE VIOLENTE SECOUSSE.**

C'est le début d'une longue et très fructueuse école buissonnière. Charles Trenet a choisi sa voie. Il me parlera de cette époque à plusieurs reprises.
Selon Charles, sa première rencontre déterminante est celle d'Albert Bausil. Il lui offre l'occasion de s'exprimer en publiant régulièrement ses textes dans son journal *le Coq catalan*, le fait participer aux nombreux spectacles qu'il donne dans le Roussillon avec sa troupe. Le premier rôle de Trenet est celui de Dionysos. Le « fou chantant » doit à Bausil l'enfance de l'art. Ils ne se perdront jamais de vue et, des années plus tard, alors qu'il est au sommet de sa gloire, Trenet continuera de faire parvenir sporadiquement des articles au *Coq catalan*. Celui-ci, pour sa part, le soutiendra avec ferveur tout au long de sa carrière.
Pour l'heure, Trenet se rêve peintre.
Enfant et adolescent, il passe de longues heures face à la mer, muni d'un pinceau et d'aquarelles.
Il expose même à Perpignan, toujours grâce à la protection de Bausil. Charles restera toujours un artiste complet, n'abandonnant jamais tout à fait la peinture. Une ou deux expositions auront lieu à Paris lorsqu'il sera devenu une vedette, son style témoignant fidèlement de deux influences : Gauguin et Matisse, qu'il apprécie tout particulièrement.
Bientôt, sa mère gagne Berlin avec le réalisateur Benno Vigny. Encore adolescent, il part la rejoindre et entre aux Beaux-Arts pour devenir architecte, comme le souhaite son père. Il revient un an plus tard faire un petit tour dans le Roussillon, mais ne tarde pas à manquer d'air.
C'est l'heure du grand départ pour Paris. Il a dix-sept ans et avec la bénédiction de son père, qui croit qu'il va étudier l'architecture, il part à la conquête de la capitale. Mais c'est en fait aux studios de Joinville-le-Pont qu'il fait ses premières armes en tant qu'accessoiriste. Paris sent encore la province, il se rend au studio en traversant un parc. Il est maladroit mais de bonne volonté, distrait et joyeux, selon ses propres mots.

Page précédente : Charles Trenet à ses débuts dans les Années folles.

Charles Trenet à la fin des années trente, son célèbre doigt levé.

Page précédente :
Consécration du chanteur fou à l'ABC dans un spectacle envolé qui fut sa première grande victoire.

Les premiers vers manuscrits d'un de ses plus grands succès, dont le texte a été composé dans un train roulant le long de la côte méditerranéenne.

Maurice Chevalier, un des premiers interprètes du poète, croqué par Charles Trenet.

L'ascension de la vedette est fulgurante et passe outre les aléas de l'Histoire. On le voit ici pendant la guerre juste avant un récital.

## IL COMPOSE DES POÈMES DONT L'UN, DÉDIÉ À MONTHERLANT, LUI VAUDRA D'ÊTRE PUBLIÉ AU *MERCURE DE FRANCE* EN 1932.

Pendant ses heures de liberté, il compose des poèmes, dont l'un, dédicacé à Montherlant qui le reçoit avec enthousiasme, lui vaudra les honneurs d'une publication au *Mercure de France* en décembre 1932 :

*Laisse-moi te dire, jeunesse,*
*Tout le bien que je pense de toi*
*Je t'ai surprise un soir sur une plage*
*Allongée sous une lune en copeaux,*
*Mais si distraite et si parfaite*
*Si prête à ne jamais vieillir*
*Que mon cœur fit trois bonds sous ma veste de cuir...*

C'est ainsi, au culot, qu'il fait ses premières incursions dans la vie d'artiste. Il intègre parfois ses compositions aux films sur lesquels il travaille, fait son miel des rencontres inoubliables que lui offre le cinéma : Antonin Artaud, qui parle seul et sautille entre les prises, Cocteau et Max Jacob.
Cocteau devient un ami très cher et de bon conseil. Il lui inculque une forme d'esprit imprégnée de lyrisme et de parisianisme, lui apprend à affiner et à cultiver son indéniable talent. C'est un soutien infaillible ; il lui serine les soirs de doute : « Ce que le public te reproche, cultive-le : c'est toi ! » De Cocteau, Charles racontait aussi des choses plus légères, comme la description méticuleuse et haute en couleurs de son membre, qui aurait eu la forme d'un sabre... Selon Trenet, la finesse d'esprit de l'auteur de *L'Ange Heurtebise* n'allait pas de pair avec la taille impressionnante de sa lame.
Utrillo devient également un de ses proches amis. Tous deux sont de grands amoureux de Paris et savent en parler merveilleusement, chacun à sa manière.

Ici, comme souvent, la route enchantée l'a mené vers le Sud pour une escale en bord de mer.

# PREMIERS PAS SUR LA ROUTE ENCHANTÉE

Au milieu des années trente, un pied dans le milieu artistique, le petit Dionysos est donc prêt à quitter l'anonymat pour conquérir les rives métropolitaines. Il sort beaucoup, sympathise avec Mireille et Jean Nohain, dîne chez Bergson, ou encore passe ses soirées à Montparnasse, au « Bœuf sur le toit », club qui fait fureur. Mais dans l'allègre tourbillon qui parcourt ses nuits, le jeune Trenet ne perd pas le sens de l'orientation. Il est difficile de gagner la confiance de cette âme intransigeante avec les autres et tout autant avec elle-même, mais ceux qui passent le test avec succès trouvent en lui une amitié sûre. Pour ce qui est de ses amants, il se lasse vite.

Ses conquêtes ont pour lui un caractère purement fonctionnel et passent toujours au second plan, au bénéfice de ses amis. Dans ce domaine, il pratique la consommation sans l'ombre d'un complexe. Les complexes, ce n'est vraiment pas son genre.

Dans le film *Bariole* (1932), produit par son beau-père, il case plusieurs de ses déjà nombreuses compositions. Pour autant, Charles reconnaît volontiers que sa rencontre avec Johnny Hess est l'événement qui le met définitivement sur les rails du music-hall. Poète, il l'est sans conteste, peintre également. Il continue d'exposer à Perpignan et même à Paris. Son objectif était de faire carrière dans le cinéma. D'après lui, sa vocation première ne le menait donc pas vers la chanson, mais c'était sans compter sur son aptitude naturelle et son énergie créatrice débordante.

Charles a une mémoire infaillible et il répondra toujours avec une rare précision à mes avalanches de questions sur cette période. Il aperçoit Johnny Hess pour la première fois rue Vavin dans une boîte de jazz, le *College Inn*. Il est un peu plus jeune que Charles et vient parfois pianoter en soirée. D'emblée, Charles est sensible à son charme. Le contact se fait et les deux jeunes gens ne tardent pas à devenir amis

Un soir, à Bobino, ils assistent ensemble au concert des duettistes Pills et Staps. Une conclusion s'impose : il leur faut eux aussi tenter l'expérience. S'ensuit alors une année de travail acharné au cours de laquelle ils constituent un répertoire viable. Leurs premiers succès éclosent : *Sur le Yang-Tsé-Kiang* , une java exotique, et *J'vous aime pas* ... Ni l'un ni l'autre ne roule sur l'or et leurs conditions de travail sont précaires. Charles décroche alors son premier contrat : un contrat annuel de 1000 francs aux éditions Salabert. Au même moment, il devient le plus jeune membre de la S.A.C.E.M. Nous sommes en 1933. Cette même année, débute au *Palace* le duo Charles et Johnny dans la revue *Paris-Madrid*. Ils arborent blazers rouges et

Page précédente : La musique joyeuse de Charles Trenet s'inscrit dans un contexte de liberté toute nouvelle grâce aux congés payés de 1936.

Le triomphe de Charles Trenet à l'ABC lui ouvre toutes grandes les portes d'une carrière exceptionnelle.

LOCATION
POUR
Columbia
CHARLES TRENET
l'Olympia

Charles Trenet, dans les années trente, avait tout du physique du jeune premier.

Charles Trenet, en dépit du travail acharné qui le retient sur les scènes parisiennes, n'aura de cesse de revenir à la mer.

## LA MUSIQUE DE SES CHANSONS ÉPOUSE LE TEXTE ET L'EMPORTE DANS SON SWING, TÉMOIGNANT D'UN GOÛT PRONONCÉ POUR LES RYTHMES MODERNES VENUS D'AMÉRIQUE.

pantalons blancs. Leur duo tranche avec la mode de l'époque, leur langage, empreint de fraîcheur, évoque de longues balades à travers la campagne, et leur fantaisie, servie par un jeu d'images très subtil, donne un caractère poétique à leurs créations, qualité rare au début des années trente où la chanson française se soucie peu de littérature. Quant à la musique, elle épouse le texte et l'emporte dans son swing, témoignant du goût partagé par Charles et Johnny pour Gershwin.

Pourtant, cette première expérience tourne court : le duo débute et passe donc en ouverture. Tandis que la salle s'emplit, les spectateurs s'installent bruyamment sans leur prêter l'attention qu'ils méritent. Personne n'apprécie à leur juste valeur les quatre chansons de leur répertoire. Mais en face du *Palace*, O'dett vient d'ouvrir *Le Fiacre*. Charles et Johnny s'y présentent, y sont rapidement engagés, et cette fois-ci, dans ce haut lieu du night-clubbing parisien, ils trouvent l'audience réceptive à l'explosion de leur art. Au sein du *Fiacre*, les deux jeunes gens ont l'occasion de voir défiler bon nombre de célébrités, parmi lesquelles Maurice Chevalier ou Joséphine Baker et parfois de se lier avec elles, comme Fréhel, qui sera la première interprète de Charles Trenet avec *La Valse à tout le monde* et *Le fils de la Femme-poisson*.

Charles et Johnny connaissent ainsi leur premier succès, préambule à leurs carrières respectives. La maison de disques Pathé-Marconi leur fait une proposition intéressante et commence à diffuser leur répertoire. Encouragés, les deux compères ne cessent de composer, les titres s'enchaînent : *Quand les beaux jours seront là*, *L'École buissonnière*, *J'vous aime pas*, *Les Feux de la Saint-Jean*, *Le Petit pensionnaire*, *Adieu Paris*, *Le Diable au village*... Nous sommes en 1934.

Mais après quatre années de travail, leur relation périclite. Ils s'aiment et se comprennent, mais la suractivité propre à leur métier a fini par les éloigner. C'est le départ de Charles pour le service militaire, en 1936, qui acte la séparation. Dans cette collaboration fructueuse, chacun a tracé les grandes lignes de sa destinée. Et trouvé un ami. Car même momentanément brouillés, les deux hommes n'ont jamais cessé de s'estimer ; ils se retrouveront plus tard et se fréquenteront toutes leurs vies durant.

Charles Trenet en août 1937. On lit dans son regard tout l'espoir et toutes les ambitions de la jeunesse.

Le fou chantant composant à son piano.

Charles Trenet coiffé du chapeau qui rendra sa
silhouette célèbre tout au long de sa carrière.

## MAURICE CHEVALIER, LA GRANDE VEDETTE, SE LAISSE CONVAINCRE PAR MISTINGUETT D'INTERPRÉTER *Y'A D'LA JOIE*.

Engoncé dans son uniforme, celui qui n'allait pas tarder à devenir le « fou chantant » piaffe d'impatience dans sa caserne. Affecté en Provence, il profite de ses quartiers libres pour composer des titres qui le consacreront par la suite. *Y'a d'la joie* lui vient alors qu'il balaie la cour. Déterminé à percer à tout prix, il l'envoie à Maurice Chevalier par l'intermédiaire de Raoul Breton, éditeur de musique, qui le porte déjà haut dans son estime. Malgré une certaine réticence, Chevalier, la grande vedette, se laisse gagner par la célébration de cette joie de vivre toute nouvelle. L'enthousiasme de Mistinguett l'a certainement aidé à se décider. *Y'a d'la joie* est un triomphe et un tremplin pour le caporal Trenet.

Au cours d'une permission, alors qu'il assiste au récital de Chevalier, il est appelé sur scène en tant qu'auteur : le public l'acclame... Sans doute Chevalier a-t-il ensuite regretté d'avoir facilité l'essor de Trenet, le jeune prodige qui devint bien vite son rival. Quelques temps plus tard, il lui envoie cette missive un brin amère : « Monsieur Trenet, à cause de vous je dois à présent me mettre à la sculpture ! » Aussi génial que soit Maurice Chevalier, il n'en reste pas moins exclusivement un interprète, comme se plaisait à le souligner Charles, non sans une certaine malice...

Après cette effusion d'applaudissements lors du spectacle de Chevalier, Trenet prend la décision d'interpréter lui-même ses chansons. En 1937, après la quille, le voici à l'assaut de Paris.

Germaine Roger, artiste lyrique, et Charles Trenet au Bal des Bijoux donné à Paris en juin 1938.

Charles Trenet et Jean Cocteau en 1962.
Leur amitié, née dans les années trente, sera celle de toute une vie.

Caricatures de Jean
Cocteau où le
chanteur a imité
la signature
de son ami.

Pour mon
cher Pierre Jean
Jean

# LA FLAMBÉE DU MÉTÉORE

Passionné de voitures, Charles Trenet possédait un cabriolet Delage carrossé par Figoni-Falaschi au volant duquel il s'est rendu à Deauville en août 1939.

De l'autre côté de la frontière allemande, des grondements de violence commencent à résonner. Les yeux fermés, en France, on préfère malgré tout s'accrocher à des lambeaux de rêve.

Charles Trenet débarque sans un sou, mais fort de quelques compositions qu'il considère valables. Raoul Breton devient son éditeur et le propulse sur scène en lui faisant passer une audition à l'*ABC*. On lui propose de se produire dans un spectacle où Lys Gauty tient la vedette. Ce sont donc trois chansons qu'il interprète le premier soir, mais le public ne s'en contente pas et le réclame avec insistance. Le lendemain, l'irrésistible luminosité du père de la chanson française finit de ravir la vedette à Lys Gauty. Grâce à Breton toujours, Charles signe un contrat avec la maison Columbia.

Son talent si particulier, son immense fraîcheur et son enthousiasme séduisent une France en proie aux difficultés. L'année 1937 voit l'éclosion des grands classiques de Charles Trenet : *Je chante*, inspiré par contraste avec la fièvre meurtrière de la guerre d'Espagne, *Fleur Bleue*, *Boum*, *La vie qui va*.... L'amitié qui le lie avec Max Jacob et Jean Cocteau se poursuit et s'épanouit.

Le jazz continue de s'immiscer dans les oreilles françaises. Le « Hot Club » est né, avec qui Charles enregistre *Y'a d'la joie*. Django Reinhardt et Stéphane Grappelli sont les figures d'un jazz français naissant, et il semble tout naturel qu'ils collaborent avec Trenet, le pionnier du swing dans l'Hexagone. Charles me décrira leurs séances d'enregistrement avec son éternel enthousiasme juvénile.

Après le succès remporté sur la scène de l'*ABC*, plus rien ne peut enrayer la flambée du météore et en l'espace d'un an, Charles Trenet, conformément à une prédiction qui lui a été faite par Jean Cocteau quelque temps plus tôt à Marseille, devient l'une des plus grandes vedettes du music-hall. Sa poésie brûle à même le pavé.

Il connaît à la même période quelques expériences cinématographiques. *La Route enchantée*, réalisé par Pierre Caron, par exemple, dont il rédige entièrement le scénario. Il tourne aussi *Adieu Léonard* avec les frères Prévert. Après la guerre, il ne se mêlera plus jamais de cinéma. Son art attitré est définitivement la chanson. Car depuis 1938, ses boucles folles, son sourire ahurissant, son chapeau mou et son complet bleu ont atteint des sommets de popularité.

Au début, la guerre n'a pas encore réellement atteint le cœur de Trenet. Il continue son ascension, approfondit sa collaboration avec Wal-berg, compagnon d'armes et de musique, notamment pour les arrangements des morceaux.

# EN 1939, IL FAIT LA CONNAISSANCE DE L'UN DE SES MAÎTRES : LE GRAND SACHA GUITRY.

Il se lie également avec celui qui désormais tiendra le piano du « fou chantant », Guy Luypaerts, mobilisé à Aix-en-Provence alors que Charles se trouve à Salon-de-Provence. Trenet a remarqué ses qualités de musicien au cours d'une soirée donnée par la troupe les « Ailes », qui tourne sur tout le territoire avec Trenet pour vedette, afin de maintenir le moral des troupes. Au-delà de ce laps de temps tourmenté, Luypaerts devient un très fidèle ami. Leur collaboration durera jusqu'au milieu des années soixante-dix.

Au sein de la tourmente des années quarante, Charles ne songe qu'à son métier. L'offensive allemande est pourtant bien présente. Il fait des rencontres. Celle de Johnny Weissmuller, le Tarzan du cinématographe : « Je l'ai connu intimement », confesse-t-il d'un air amusé. Celle aussi d'Adolf Hitler. Il lui est présenté à la Chancellerie de Berlin en 1939, avec d'autres artistes français, dont Micheline Presle et Edith Piaf.

Il est très impressionné par ses moustaches, « dont les poils sont droits ». Lorsque Hitler vient lui serrer la main, Charles le salue en allemand, ce qui ne manque pas d'attirer l'attention du Führer. Il le prend à part. Ils parlent du beau-père de Trenet, Benno Vigny, car il a servi avec Hitler pendant la guerre de 14. Hitler lui déclare, amusé : « Vigny ? Ah ? Le juif ? » et le prend bras dessus bras dessous. Lorsqu'il me raconte cette anecdote, je perçois dans sa voix l'écœurement.

Ses succès continuent de s'enchaîner et de fleurir : *Mam'zelle Clio*, *Que reste-t-il de nos amours ?*, *L'Âme des poètes*... La même année, il fait la connaissance de l'un de ses maîtres, Sacha Guitry, qui a en projet une comédie musicale intitulée *Le Dernier Troubadour*, dont Trenet doit être la vedette. Un jour, il se rend chez Guitry. Ce dernier lui dit : « Parlons d'argent Trenet, il le faut bien. D'ailleurs, l'argent, il en faut et je sais que vous êtes un garçon ambitieux. Mais vous ne voudriez pas gagner plus d'argent que moi, dans ce projet, tout de même ? » Charles le regarde en souriant et lui répond « Et pourquoi pas, Maître ? ». Guitry se tourne vers sa femme et conclut en souriant : « Vous avez vu comme il est amusant ! »

Charles Trenet à son départ pour le Sud, sa terre natale.

CHARLES TRENET
l'assass
habite
21
l'assa
hab
au
21
LE FILM PASSIONNANT

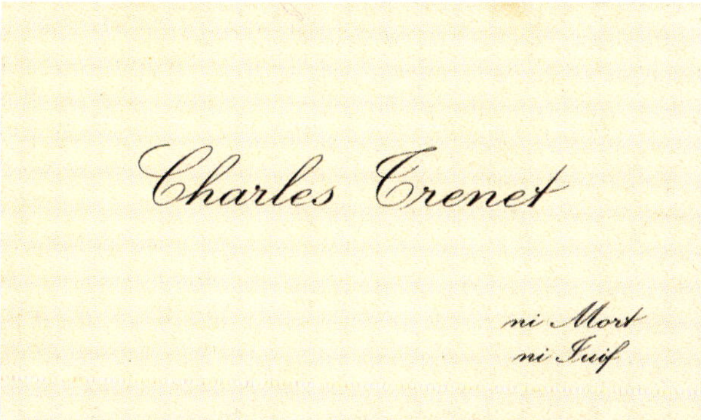

La foule se presse aux portes d'une salle où Charles Trenet chante la *Douce France* sous les yeux des soldats allemands.

Une carte de visite imprimée pendant la guerre pour faire taire les différentes rumeurs qui courent à son sujet.

Le programme d'un récital donné à l'Odéon en février 1944.

La guerre éclate. La mort dans l'âme, Charles rejoint un casernement à Nancy où il croise l'horreur au quotidien. Puis c'est la débâcle. La fin de la guerre-éclair laisse le caporal Trenet à Nîmes dans l'état de trouble profond que connaissent alors tous les Français.
À la veille de l'armistice et de sa démobilisation, à l'été 1940, survient un événement insolite qui ne manque pas de le faire sourire : par le biais de *Paris-Soir*, la presse propage la nouvelle de la mort du chanteur, tombé mystérieusement aux commandes de sa machine volante. L'intéressé est le premier surpris de cette fin héroïque, digne d'un Saint-Exupéry. Il s'empresse de démentir en utilisant la chronique qu'il tient dans *Marianne*, non sans une certaine ironie.
Durant l'Occupation, on colporte d'autres bruits à son sujet, et notamment dans la presse collaborationniste qui, impuissante à faire taire cet esprit libre et versatile, auteur adulé de chansons à succès, se jette dans la diffamation raciste. En somme, il est reproché au poète de jouer avec les mots, de les tronquer ou de les brouiller comme des cartes dans un tour de passe-passe. À commencer par son propre nom de famille.
Ainsi, on suppose de façon mesquine que Trenet est le substitut crapuleux de Trenetsky, voire une anagramme honteuse de Netter. Impossible de ne pas se justifier.
D'un tiroir, Trenet sort une carte de visite où figure, en dessous de son nom la mention suivante : « Ni mort, ni juif ». En me narrant cette histoire, il part d'un éclat de rire qui toute sa vie le caractérisa : une pirouette, face aux ruines et aux guerres, au sang, à la faim, aux humiliations.
De ces années de conflit, Trenet se remémore quelques anecdotes cocasses : « Nous avions l'habitude de dîner chez *Maxim's*, nous racontera-t-il des décennies plus tard, et comme vous pouvez l'imaginer, dans nos gosiers comme du ciel ce n'était pas que de l'eau qui tombait ! Du ciel, c'étaient des bombes !
Lorsqu'un bombardement nous surprenait dans nos ripailles, il nous fallait nous abriter dans la cave, et je vous assure que ces moments-là n'étaient pas aussi pénibles que vous pourriez le croire : en bas, dans l'ombre, pendant qu'au dehors la tempête mécanique faisait rage, nous en profitions pour déguster les meilleures bouteilles. Il y en avait pour tout un régiment !
C'est au cours de l'un de ces soirs de frayeur que j'ai fait une des plus belles rencontres de mon existence : le Château Gruaud-Laroze. Mais il y avait une ombre au tableau : quand le ballet des avions avait pris fin et qu'il s'agissait de remonter à la surface, le propriétaire ne manquait jamais

## POUR CETTE VEDETTE, LES CONVICTIONS HUMAINES SE LOGENT FORCÉMENT DANS LA POÉSIE ET SON POUVOIR DE RÉSISTANCE À L'ADVERSITÉ. C'EST LÀ SON SEUL CREDO.

Pages précédentes : Charles Trenet posant avec les autres membres de la troupe des « Ailes ».

La troupe se restaure après une représentation.

Johnny Hess au piano en 1945, quelques années après la séparation du duo Charles et Johnny.

Charles Trenet avec son amie Corinne Luchaire à Paris en mars 1941.

de nous cueillir et de nous faire payer le prix exorbitant de nos rapines ! » Une de ses grandes amies pendant l'Occupation est Corinne Luchaire, une jeune actrice en vogue. Il se joue beaucoup d'elle : elle est amoureuse. Il s'en sert comme appât pour ramener des garçons à la maison. Cela se termine régulièrement en partie à trois, où tout le monde est finalement satisfait. Officiellement, Corinne est sa fiancée. Elle laisse faire, tout simplement parce qu'elle est amoureuse. Mais la gaudriole ayant des limites, il se fait une règle absolue : ne jamais coucher avec un Allemand. C'est une question d'honneur.

Il a la chance d'avoir des revenus qui lui permettent d'acheter à manger au marché noir. Il nourrit alors tout l'hôtel où il loge, comme l'artiste Réjane, attirée par l'odeur du poulet grillé. Il pourvoit ainsi aux besoins de son clan pendant les moments difficiles. C'est que pour cette vedette, les convictions humaines se logent forcément dans la poésie et son pouvoir de résistance à l'adversité. C'est là son seul credo.Les nazis, tout comme les partisans de la francisque, tolèrent Trenet grâce à son extrême popularité. Celle-ci s'explique très simplement : son œuvre est le contrepoint des ravages du moment, la vague lueur au bout du tunnel des années noires.

Les divertissements proposés par Trenet constituent pour le public endeuillé une bouffée d'air frais aussi vitale que les tickets d'alimentation. Pour l'ennemi, s'assurer la collaboration des figures médiatiques permet de renforcer la propagande du III$^{ème}$ Reich. Mais à aucun moment Trenet ne prête le flanc dans ce sens, n'accordant ses services à l'occupant que sous la contrainte et à trop peu de reprises pour que l'on puisse y lire de la complaisance. Durant toute la guerre, il refuse d'ailleurs de parler allemand, lui qui maîtrise cette langue à la perfection.

Il est souvent invité à venir chanter en Allemagne, mais il se débrouille systématiquement pour se débiner. Il va même un jour jusqu'à monter dans le train pour Berlin, puis à en descendre en cachette des Allemands juste avant le départ. « Cela les découragea définitivement », me raconta-t-il en éclatant de rire.

On a reproché à Trenet de ne pas être entré dans la Résistance. Cela, il ne le nie pas. Cependant le public français n'a aucune difficulté à concevoir que ses chansons irradient de joie en ces heures troubles, prouvant son immense penchant pour la vie, la liberté et l'espoir. Dans les décombres que laissent sur leur sillage les parachutistes anglais, des chansons telles que *La Mer*, *Douce France*, ou *La Folle Complainte* voient le jour. Le premier de ces titres est à ce jour encore le plus grand succès international de Trenet. S'il ne brille pas par son activisme, il produit sur le public un effet réparateur qui l'aide à transcender ses difficultés.

*Douce France* ne se mouille pas non plus à proprement parler, mais il est indéniable que les contours d'une France libre s'y esquissent, au nez et à la barbe des nazis. Cette chanson est vécue en quelque sorte comme un appel à la résistance morale et cela explique facilement l'accueil favorable qui lui est réservé. Dans les salles de France, parmi les membres de la Kommandantur, on applaudit discrètement. Il n'en demeure pas moins que dans les rues de Paris, dans les maquis, *Douce France* est sur toutes les lèvres.

Juste de la poésie, donc, à travers laquelle survivre ou même disparaître en ces temps douloureux. *La Folle Complainte* exprime cet état de fait :

*J'étais seul sur les routes*
*Sans dire ni oui ni non.*
*Mon âme s'est dissoute*
*Poussière était mon nom.*

À la Libération, la lutte du « fou chantant » pour la joie de vivre se poursuit. Un périple vers l'Amérique se profile.

La Maison

# D'UNE RIVE À L'AUTRE

Le succès international du « fou chantant » avait été interrompu par la guerre. En 1939, déjà, Trenet avait signé des contrats pour se produire aux États-Unis. Il les respectera dès l'armistice, à partir de 1945. Le public l'applaudit à New York, où il atterrit à bord d'un avion qui, en plein vol, prend feu. L'incendie localisé dans l'un des quatre réacteurs a été heureusement maîtrisé. L'accueil reçu sur le sol yankee n'est pas tel qu'un hôte l'aurait rêvé : une incartade de jeunesse, datant de ses années perpignanaises, est parvenue jusqu'aux oreilles américaines. Cela lui vaut d'être interné presque un mois à Ellis Island. Ce n'est là ni son premier ni son dernier séjour au poste. Ainsi, à Porto Alegre, au Brésil, les autorités le retiennent toute une nuit parce qu'il refuse d'entrer en scène à la dernière minute. À Mexico, il connaît le même type d'incident. Mais ces frasques ne l'empêchent pas de chanter. Partout, il fait un triomphe. Trenet devient une vedette internationale, reconnu par ses pairs, qui ont pour nom Clark Gable ou Frank Sinatra. Son talent se propage du Québec au Brésil en passant par le Pérou, et il fait l'unanimité. Il poursuit son voyage pendant quelques années, au cours desquelles il ajoute à son répertoire des titres significatifs, tels que *Les Rues de Québec* ou *Printemps à Rio*. Puis, un beau jour, cela lui suffit. Malgré son amour des rythmes des pays d'Amérique, c'est avant tout en France qu'il trouve son inspiration. Aussi, en dépit d'un contrat qui le lie encore outre-Atlantique, il prend sur un coup de tête un billet pour Paris. Dans les airs, il compose *Revoir Paris*. Nous sommes alors en 1951.
Après la guerre, la vague de musique noire déferle sur l'Europe. Les zazous, pendant l'Occupation, attisaient les braises d'un swing clandestin. Après la Libération, l'insolence de la jeunesse se charge avec enthousiasme d'une vie intellectuelle jusqu'alors difficilement accessible. Il en découle une gravité inhabituelle de la jeunesse pensante. D'ailleurs, elle n'existe

Page précédente : 1955, Charles trenet fête son anniversaire au restaurant de la tour Eiffel en compagnie d'Yves Montand, Simone Signoret et Annie Cordy.

Promenade à Paris en août 1961.

Une carte de visite de Charles Trenet indiquant son adresse à Hollywood.

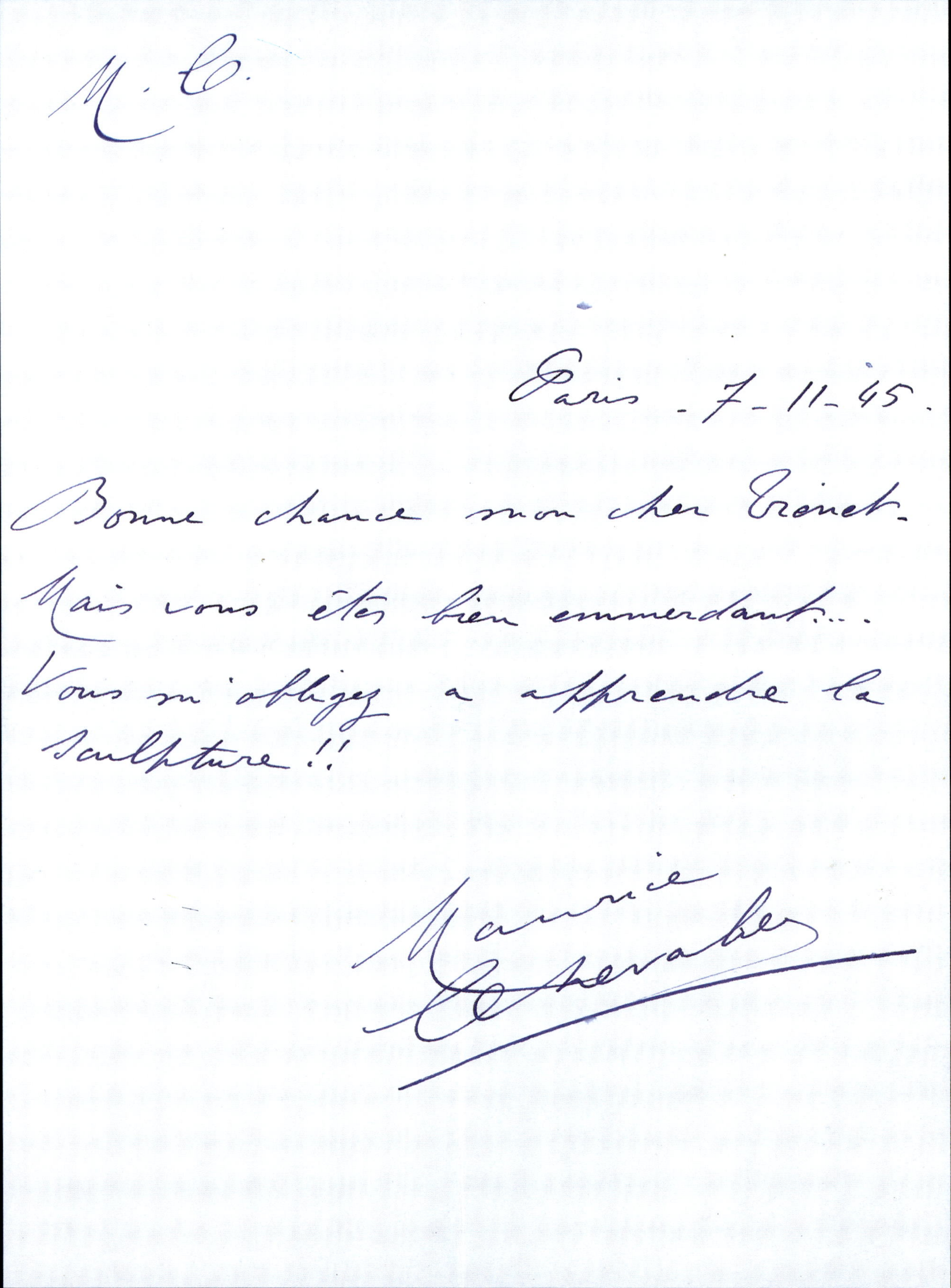
M. C.

Paris - 7-11-45.

Bonne chance mon cher Trenet -
Mais vous êtes bien emmerdant...
Vous m'obligez à apprendre la
sculpture !!

Maurice
Chevalier

Billet adressé à Charles Trenet par Maurice Chevalier où il déplore le succès de son rival.

Charles Trenet en 1947. Il est au sommet de sa gloire.

## VIAN POUSSE DES CROCHES SUR PISTON. JULIETTE GRÉCO HANTE LES NUITS BLÊMES. TRENET REVIENT DANS PARIS TRANSFORMÉ EN SON ABSENCE

plus vraiment que dans le sens où elle s'en pose la question. Et elle se la pose à l'intérieur d'un périmètre précis, celui de Saint-Germain-des-Prés. Le génie de Brassens, la verve de Bécaud prennent leur essor. Juliette Gréco hante les nuits blêmes pendant que Boris Vian pousse des noires et des croches sur piston. Trenet revient dans ce Paris-là qui a grandi sans lui et, en matière de chanson, il est la référence. Il débarque auréolé de gloire, au mieux de sa forme. Il se produit sur la scène du Théâtre de l'Étoile. On l'attend au tournant, et il se révèle magistral. Comme toujours, il répond aux attentes de la nouveauté. La presse est unanime. En 1954, il fait un passage à l'Olympia. Il est richissime, célébrissime, le grand enfant, qu'il est toujours, est devenu un maître que tous sollicitent.

C'est à cette époque qu'il rencontre pour la première fois Jean-Jacques Debout. Sa mère lui fait passer un concours de poulbots à Montmartre où les candidats doivent chanter. Jean-Jacques choisit d'interpréter une composition de Trenet. Or, ce dernier est dans l'assistance. Séduit, Charles décide de lancer ce môme dans le music-hall. Il le forme, pas à pas, fraternellement, avec douceur et exigence, comme l'impose le métier. C'est le début d'une grande et longue amitié.

Toujours soucieux de sa carrière, opiniâtre, maniaque, Charles refait l'Olympia en 1955. Paris peut y apprécier ses dernières trouvailles : *Route Nationale 7*, *Je t'attendrai à la porte du garage*, *Moi, j'aime le music-hall*…

Le succès ne va pas sans critique. À cette époque, Charles est en pleine possession de ses moyens, au zénith ; il a dépassé la quarantaine et a tourné plusieurs fois autour du monde. Il ne lui reste plus rien à prouver. La lassitude fait son œuvre et pour la première fois, il fait les frais de la presse. Son talent et sa maîtrise, bien sûr, tous les reconnaissent, mais la critique débusque quelques ombres au tableau, comme Claude Sarraute qui affirme trouver son show médiocre. Trenet ne le lui pardonnera jamais. On qualifie *L'Âne et le gendarme* de pochade tout juste amusante, *Moi j'aime le music-hall* d'autosatisfaction déplacée. On commence à se lasser quelque peu de son éternel jeu de scène, doigt au ciel et yeux écarquillés.

C'est également à cette période que Trenet achète sa propriété d'Aix-en-Provence, connue depuis sous le nom de « Domaine des Esprits ». C'est une magnifique propriété,

Charles Trenet dédicaçant un de ses romans.

Page suivante : Charles Trenet au théâtre de l'Etoile en octobre 1961.

# LE « DOMAINE DES ESPRITS » EST UNE MAGNIFIQUE PROPRIÉTÉ, MAIS L'AUTOROUTE DU MIDI PASSE TOUT PRÈS DE SON TERRAIN.

mais quelques années après l'achat, l'autoroute du Midi est construite tout près de son terrain. Charles refuse d'être exproprié, mais l'endroit perd de sa valeur et surtout de son calme. Malgré tout, le « Domaine des Esprits » reste un petit paradis. Un endroit féerique et loufoque, une bastide transformée avec des tourelles, des statues en plâtre peintes : celle d'un héros grec, d'un grand moine et le buste de son grand-père. Le terrain s'étend sur six ou sept hectares, cela m'impressionne beaucoup. L'intérieur est décoré dans un style Louis XVI discutable. Charles n'a pas tellement de goût en matière de décoration. Cela n'enlève rien au charme de l'endroit. Une maison à la fois très marquée par les années trente et par un style « troubadour » surréaliste. On y trouve également de nombreuses fleurs en plastique. Charles en a des quantités, dans toutes ses propriétés. Il dit, amusé, à qui veut l'entendre : « Comme c'est pratique ! On n'a pas besoin de les arroser ! ». Il les adore et les collectionne.

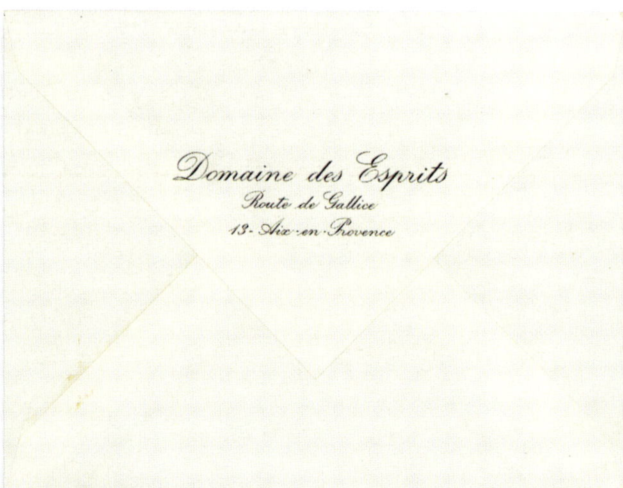

Le « Domaine des Esprits », résidence du chanteur à Aix -en-Provence.

Pages suivantes : Charles Trenet devant l'Étoile, où il fait un retour triomphal en 1961 après une longue tournée à l'étranger.

Serge Lifar, Nina Vyroubova, Michel Renault, Yvette Chauviré et Charles Trenet au gala du Louvre en octobre 1953.

CHARLES
TRENET
accompagné par

EKLA

# « RIEN N'AURA RAISON DE MOI »

Les sixties : la jeunesse perdue trouve sa source outre-Atlantique. Tout comme le swing en son temps, le mouvement yé-yé clame haut et fort une influence qui lui vient directement des États-Unis. Il existe pourtant une nuance, et non des moindres, entre la chanson rythmée et le jazz de Saint-Germain-des-Prés d'une part, et le crescendo de décibels que les yé-yé propagent d'autre part.

Le swing et le jazz, même à la française, trouvent effectivement leurs sources sur le continent nord-américain. Il n'en va pas exactement de même pour le mouvement yé-yé : il se réclame certes de sonorités d'outre-Atlantique, et cela se justifie dans la mesure où la France découvre les premiers standards du rock'n'roll. Là-bas résonnent les succès d'Elvis Presley, d'Eddy Cochran ou de Chuck Berry. Mais la création poétique fait défaut à cette nouvelle musique. Si la jeunesse marche dans ce sens, c'est que derrière un son brutal et innovant se cache une révolution sociale.

La jeunesse, si chère à Trenet, boude le « fou chantant », bientôt quinquagénaire, qui connaît sa première vraie période de flottement. Alors que naît le transistor, il disparaît momentanément des ondes parce qu'il se refuse à « hurler ». Il attend, observant d'un œil amusé l'éphémère défilé des nouvelles stars françaises. Trenet reste dans sa propre veine et garde sa personnalité. Il enregistre peu et se produit plus rarement.

Lui, qui, hier, était en haut de l'affiche, est désormais démodé. Il continue pourtant de se produire et il ne désarme pas. Son inspiration oscille toujours entre joie et mélancolie. Il profite de ces vacances prolongées pour s'essayer à une autre forme d'expression : la céramique. Charles passe de longues périodes à San Vicens, chez Denis Bauby, dans un vaste domaine changé en atelier, où Picasso a passé quelque temps. Ses créations prennent la forme d'objets cuits, de carreaux notamment, tendres et bariolés, en quelque sorte à son image.

Le chanteur fou s'est éloigné de Paris, mais il n'a pas totalement disparu. Au sein de la chanson française, il existe une relève qui lui doit beaucoup. Georges Brassens, par exemple, qui, tout comme Trenet (et dont il revendique l'influence) puise son inspiration à même la rue et n'oublie pas que chanson et poésie sont faites du même bois. La verve de Brassens est sans doute plus virulente, quoique aussi subtile que celle de Trenet.

Ce dernier quitte son exil et revient sur scène en 1961 à l'Étoile, dont il est désormais un habitué. Il inaugure à cette occasion la formule du récital et enthousiasme son public

Pages précédentes : Philippe Lemaire, Juliette Gréco et Charles Trenet.

Le chanteur fou et M. 100 000 volts à Bobino en 1955.

Charles Trenet et les Chaussettes Noires à l'Olympia en mai 1963.

Pages précédentes :

Soucieux de sa forme physique, Charles Trenet a pratiqué du sport sa vie durant.

Ses haltères ne le quitttaient jamais, même en tournée.

Charles Trenet et la môme Piaf, qu'il admirait tant.

## L'ANNÉE 1963 EST MARQUÉE PAR LA DISPARITION DE DEUX AMIS CHERS : ÉDITH PIAF ET JEAN COCTEAU.

durant de très longues heures. La critique n'est pas aussi satisfaite que l'assistance, me racontera-t-il, un brin désabusé.
En 1962, il entame une nouvelle série de voyages aux États-Unis, en Australie et en URSS. Pour la première fois, il chante à Washington. Le triomphe est tel qu'il y épuise son répertoire. Mais le public reste en liesse. Il finit donc par se rendre sur scène avec ses haltères et à faire une petite démonstration !
Cela n'est pas étonnant. Trenet accorde une grande importance à sa santé physique : longueurs de piscine, marche, culture physique et gymnastique. Il y passe une grande partie de la matinée, après quoi, il s'accorde quelques minutes de hammam, puis une douche, avant de se mettre au piano ou à son bureau. Il ne mange l'été que vers 15 ou 16 h, comme un vrai Catalan. Ses journées sont très remplies, et très occupées par son hygiène de vie. Il ne voit presque jamais le médecin, il n'en a pas besoin. C'est une force de la nature. Il prend sur son sommeil et tient des horaires précis, sans jamais se plaindre, ni faillir. Je trouve sa discipline admirable.
Autre voyage, autre ambiance : les Russes, traditionnellement sensibles à la culture française, qui connaissent bien les airs de Trenet, lui font une ovation bien méritée. Charles retrouve en Union soviétique une partie de son enfance en découvrant la maison d'une tante qui fut un temps préceptrice du dernier tsarévitch. Elle aimait, lorsque Charles était enfant, lui brosser le portrait de Raspoutine, le moine fou. Un personnage qui fascine Charles et qu'il évoquera régulièrement lors de nos discussions.
L'année 1963 est marquée par la disparition d'Édith Piaf mais aussi celle d'un ami très cher : Jean Cocteau. Charles suit dans ces temps-là le développement du mouvement beatnik. Il dit s'y reconnaître quelque peu, le désespoir en moins. Il écrit à cette période une chanson sur Landru, autre personnage de légende dont le procès l'a passionné alors qu'il était enfant à Narbonne. Il en dessinait constamment le portrait pour passer le temps. On peut le voir ces mêmes mois arpenter avec sa mère la plage du Casino à Juan-les-Pins et se camper longtemps face à la mer, l'air absent. La même lassitude l'envahit, le soir, tandis qu'une jeune fille lui apprend à jouer au bowling.
Il lui arrive aussi parfois d'envoyer Gora, le gardien d'Aix-en-Provence, sillonner les routes de la région afin de rabattre des auto-stoppeurs. Lorsque les grilles de ses propriétés

# CHARLES TRENET SAIT TRÈS BIEN FAIRE LA DIFFÉRENCE ENTRE LES RELATIONS SUPERFICIELLES ET LES AMITIÉS.

se referment sur les jeunes gens, il leur propose à boire, histoire de détendre l'atmosphère. L'entreprise de séduction se déroule généralement sans lendemain et sans encombre, jusqu'au jour où il doit affronter de sérieuses accusations de pédophilie. Il affirme pourtant qu'il n'y est pour rien : un soir, des petits jeunes acceptent de passer une soirée en sa compagnie. Mais, sans doute fatigué ce soir-là, il ne leur fait pas d'avance. Connaissant la notoriété de Trenet, ils cherchent les jours suivants à lui soutirer de l'argent en le faisant chanter. Il ne cède pas et ce qui devait arriver arrive : l'affaire est rendue publique.
Aujourd'hui, nombre de célébrités s'affichent sans problème avec des jeunes gens de 18 ou 19 ans : l'âge de la majorité est passé de 21 à 18 ans. Cela a tout changé. Un homme plus âgé que ses conquêtes, cela fait sensation mais pas scandale. C'est loin d'être le cas à l'époque. L'affaire se conclut par une inculpation, un court séjour en préventive puis le verdict est rendu : un an d'emprisonnement avec sursis et 10 000 francs d'amende. Charles en sort ébranlé, blessé, mais pas détruit, loin de là.
Dans les années suivantes, Charles se produit beaucoup à la *Tête de l'Art*. Ainsi, dès 1964, devant un public majoritairement jeune, il montre ce qui lui tient toujours au ventre, cette poésie qui passe les générations. Il représente la force vive du lyrisme français. Il flambe à Bobino en 1966.
Dans sa vie privée, Trenet aime par-dessus tout s'entourer de personnes réceptives à ses propres expériences. Il sait très bien faire la différence entre les relations superficielles et les amitiés. S'il attache beaucoup d'importance à cet entourage sélectionné avec le plus grand soin, il ne s'en ménage pas moins un véritable espace de solitude. D'ailleurs, en 1968, on ne l'entend pas beaucoup. Il se replie dans un exil salutaire. Ce n'est qu'une année plus tard au Théâtre de la Ville où se produit Juliette Gréco qu'il remporte à nouveau tous les suffrages. Les années soixante-dix se déroulent ensuite à l'avenant, entre moments de silence et retours triomphaux. Décidément, les tendances n'ont pas longtemps de prise sur lui.

Pages précédentes :
De retour en France après un voyage en Australie en avril 1962.

Georges Brassens et Charles Trenet au Théâtre de l'Etoile en mars 1961.

Charles Trenet et son ancien partenaire, Johnny Hess, en août 1961.

Page suivante :
En 1961, Charles Trenet amuse la foule d'admirateurs venus lui demander un autographe.

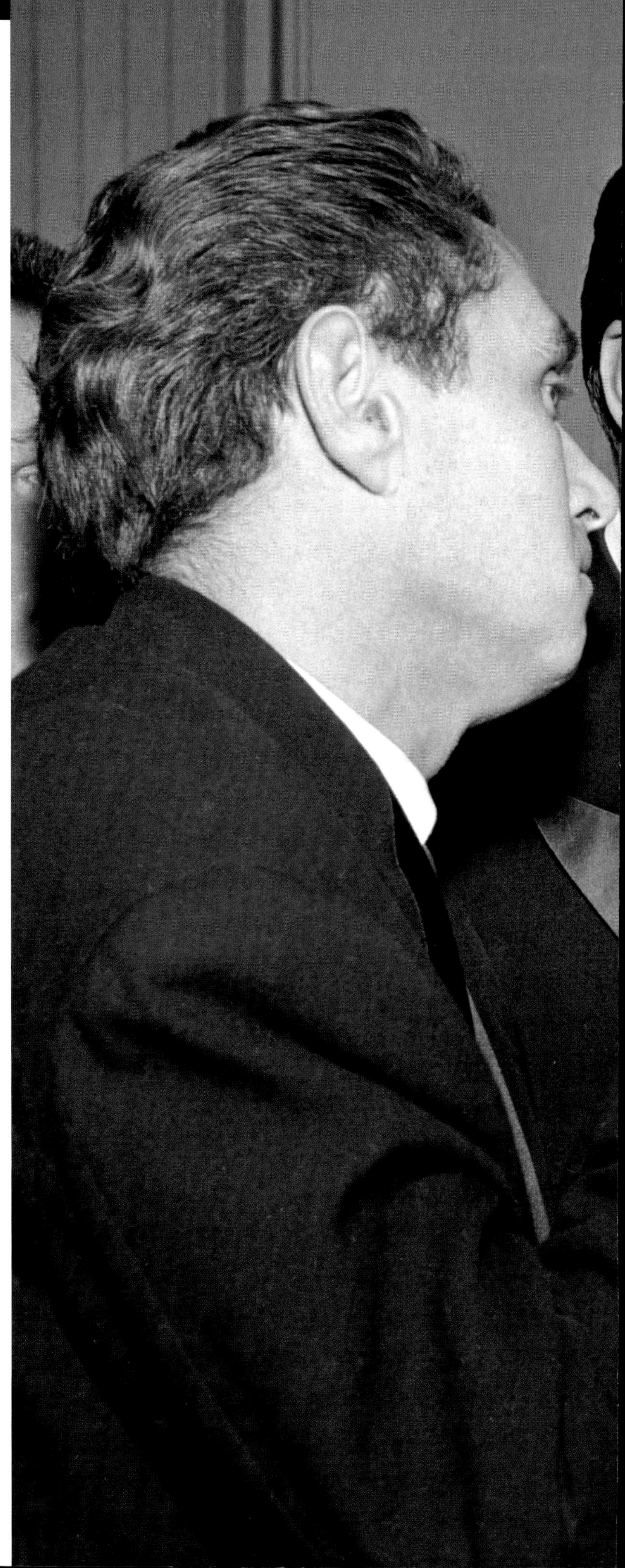

perrier

CHARLES

BAIGNOIRES
ORCHESTRE
A.B.C.

*Je revois mon coin de rue*
*Aujourd'hui disparu*
*Je me souviens d'un triste soir*
*Où le cœur sans espoir*
*Je pleurais en attendant*
*Un amour de quinze ans.*

# QUAND ON AIME, IL FAUT PARTIR

Charles Trenet n'est pas étranger au rock, qui a pourtant nui à sa carrière. Mais, passablement refroidi par le cortège de paroles ineptes des yé-yé, il aborde avec circonspection les années psychédéliques. Il reste pourtant coûte que coûte sur scène. En 1971, à l'Olympia, il donne un récital pour présenter ses dernières créations, mais aussi pour voler quelque peu au secours de la chanson française dont la valeur poétique dérive à l'intérieur de modèles figés, tout comme à ses débuts. Toutes les générations sont au rendez-vous, le gratin parisien également. Il prouve encore une fois qu'il est le fer de lance de la chanson. Au mieux de sa forme, il donne plus tard à Montluçon, suite à un problème technique, un concert avec pour seuls instruments sa voix et ce microphone qu'il a été le premier à utiliser dans les années quarante afin de faire profiter jusqu'au fond de la salle toutes les nuances de ses paroles, même chuchotées. Ceux qui le croyaient momifié vivant découvrent qu'il incarne tout simplement à lui seul la chanson française. Les tournées mondiales s'enchaînent jusqu'en 1973 où commence une période de calme plat. Le petit écran nous le montre de temps à autre dans des émissions de variétés. Il sourit invariablement, mais ses propos sont parfois mordants.

Dans sa vie privée, Trenet continue d'être un solitaire. Cet esprit hors normes ne sait pas faire abstraction de sa personne comme on peut souvent le constater chez les hommes brillants. Il est un monstre d'égoïsme, il s'aime, lui, avant tout et par-dessus tout. Il ne pense qu'à lui.

Il demande très rarement comment les gens se portent et lorsqu'il le fait, il n'écoute jamais vraiment la réponse. La plupart du temps, son entourage se sent tellement privilégié d'avoir le droit d'être à sa table, d'être sollicité par lui, qu'il s'en contente avec le sourire. Les gens se laissent faire selon son bon plaisir, comme moi-même d'ailleurs. Adulé, célébré par tous, il est comme une sorte de pharaon sur son trône. Mais, malgré ce comportement, quand il sent qu'il est allé un peu trop loin, il a toujours le chic pour rallier à sa cause les esprits échaudés.

Finalement, le 9 mai 1975, il décide de mettre un terme à sa carrière et de faire ses adieux définitifs au music-hall. Les raisons en sont simples : les succès réitérés lui donnent l'impression d'une fin de croisière et il préfère couper court plutôt que de s'embourber dans la complaisance d'un succès systématique. Bien sûr, il est encore capable, plus que jamais, de faire ses preuves, mais il n'a plus rien à prouver et par-dessus tout, il souhaite garder libre son champ d'action. Dans ses *Feuilles de route sud-américaines*, Blaise Cendrars écrivait : « Quand on aime, il faut partir ».

Page précédente : Charles Trenet fait ses adieux à l'Olympia en 1975.

Charles Trenet congratulé par Chantal Goya et Jean-Jacques Debout lors de sa première à l'Olympia le 3 mai 1971.

Tino Rossi, Gala et Salvador Dali ainsi que Caroline Cellier présents au dernier rendez-vous de Trenet.

Page suivante : Charles Trenet lors de la traditionnelle garden-party de l'Élysée le 14 juillet 1988.

## FINALEMENT, LE 9 MAI 1975, IL DÉCIDE DE METTRE UN TERME À SA CARRIÈRE ET DE FAIRE SES ADIEUX DÉFINITIFS AU MUSIC-HALL

Trenet aime le public et prend congé pour laisser la magie opérer. Il sautille donc une dernière fois sur les planches de l'Olympia, et la France entière s'y déplace. On y croise Marcel Carné, François Truffaut, Catherine Deneuve ou encore Salvador Dali. Une solide amitié le lie au peintre sulfureux. Les origines catalanes de Charles n'y sont peut-être pas étrangères, mais ce n'est pas là un élément déterminant de leur relation. Le public favorable aux chansons de Trenet sait que son talent s'amuse des frontières et des barrières culturelles. Ce soir-là, c'est la consécration : tout son répertoire y passe, oscillant entre le bleu et le gris, entre joie et soupçons de tristesse. Jean Cocteau lui avait bien dit que les périples de la vie trouvent leur dernier port dans les chansons. Ses adieux sont un événement et laissent un grand souvenir à ceux qui ont la chance d'y assister. Charles se retire ; malgré quelques galas internationaux, il n'a plus l'intention de revenir.

Il se retire dans sa maison d'Aix-en-Provence, où il passe de nombreuses semaines. Là-bas vit aussi Gora, le gardien et homme à tout faire. Charles le connaît depuis les années soixante. Il s'occupe de l'entretien, fait les courses, les repas et prend des commissions sur tous les travaux accomplis pour Trenet. Charles s'en amuse, tout en étant légèrement agacé. Il est tatillon sur ses dépenses, autant qu'il est soucieux de maintenir ses propriétés en bon état. Il est poète, mais il aime l'ordre. Son esprit est cartésien. Chaque chose a sa place. Impossible de déplacer un bibelot sans qu'il le remarque et le corrige. Le « fou chantant » souffre d'une forme douce de schizophrénie. Sa vie, quoique luxueuse, présente toutes les caractéristiques d'une bohème de longue date, mais il est en même temps très méticuleux.

Prix Vincent Scotto
1962

Il tient des comptes précis et dresse sans cesse des listes, des courses, des recettes, des activités par ordre d'urgence. Rien ne lui échappe et il ne passe rien à ses domestiques. L'homme n'est pas commode, cet aspect de sa personnalité fait contrepoids avec la bonne humeur qu'il affiche sans cesse. Elle est pourtant sérieusement mise en péril à la suite d'un des événements les plus douloureux de son existence.

Sa mère meurt en 1979. Cette nouvelle ouvre la plus importante lézarde sur le monument Trenet, une immense souffrance, une ombre définitive dans le regard du petit Charles, le poète. Elle aura occupé une place de reine dans le parcours du « fou chantant ». Leurs disputes sont connues de leur entourage, leurs réconciliations également. Ils ne peuvent ni s'entendre tout à fait, ni se quitter. Ils se quittent pourtant, cette année-là, pour toujours. Charles accuse le coup et se cloître pendant trois longues années.

**SA MÈRE MEURT EN 1979. ELLE AURA OCCUPÉ UNE PLACE DE REINE DANS LE PARCOURS DU FOU CHANTANT. SA SOUFFRANCE EST TELLE QUE SES PROCHES ONT DES DOUTES QUANT À SA FACULTÉ À REFAIRE SURFACE.**

À ce moment, il perd ce goût de vivre qu'il sait pourtant si bien communiquer dans ses chansons. Ses amourettes se succèdent, nombreuses, mais mélancoliques. Sa souffrance est telle que ses proches ont des doutes quant à sa faculté à refaire surface. Entre autres lieux de perdition, on le croise dans un sauna en face de l'Opéra. Là, il se couche sur un transat durant des heures et attrape ses proies pour une nuit ou deux.

À côté de ces incartades, Charles est paradoxalement conventionnel. Jamais il ne s'affiche avec un homme, cela ne se fait pas, un point c'est tout. Caché du monde, cela ne l'empêche pas d'avoir des relations homosexuelles. La solitude est une des composantes essentielles de sa personnalité. Ses conquêtes sont sans lendemain. L'une d'entre elles travaille dans un restaurant oriental à Saint-Germain. Il s'y rend pour passer ses soirées en compagnie de Chazot, Thierry Le Luron, Louis Aragon (ce dernier laissant au vestiaire son manteau et son dentier dans un verre d'eau), ou encore François Mitterrand, déjà en route vers les hautes sphères de la politique. Entre ce dernier et Charles s'instaure une estime réciproque qui tient principalement à leur amour de l'esthétique.

Trenet, qui connaît la valeur des politiciens, considère François Mitterrand en dehors des marécages racoleurs du pouvoir. Ce sera le cas également avec Pierre Bérégovoy. Ils ont tous en commun une érudition sans limites. Une soirée de conversation avec Trenet est équivalente à un cours magistral à la Sorbonne donné dans une version ludique, hors académie – à laquelle il n'a jamais été admis. Peu importe, on boit ses paroles et on ne peut qu'admirer l'ampleur de sa culture et de son intelligence. Il est un dictionnaire ouvert, son amour des lettres est sans faille, et il respire la poésie par tous les pores. Seul un passionné tel que Charles Trenet est à même de prendre le mot au pied de la lettre et le transformer ainsi en chanson.

Cela implique forcément des exigences envers ceux qui le côtoient et il pend haut et court les écorcheurs de langue qui ont le malheur de commettre leurs crimes en sa présence. Il ne supporte aucune faute de syntaxe, de morphologie ou d'orthographe dans les magazines. Il les découpe, les conserve et les envoie finalement aux journalistes responsables des bévues qu'il a repérées. Imaginez la tête des membres de la rédaction à la lecture d'un courrier de M. Charles Trenet leur reprochant un abus de langage ! Mais on ne peut que s'incliner face à sa grandeur d'esprit qu'il entretient tout autant que son corps. Il a pour habitude, tous les jours, quoi qu'il arrive, de prendre le dictionnaire Larousse et de lire la définition d'un mot. « Si tout le monde faisait pareil, se plait-il à dire, la planète irait bien mieux ! »

Il consulte également les journaux tous les jours et prend connaissance de tout ce qui lui tombe sous la main. Ainsi informé, il est capable de parler de tous les sujets possibles. Grâce à ces qualités, et pour l'avoir traversé de part en part, Charles est une représentation du XX$^{\text{ème}}$ siècle, un homme qui a côtoyé toutes les célébrités de cette période historique.

En public, Charles Trenet cultive, parmi tant d'autres, l'art de la provocation. Il est capable d'affirmer des horreurs avec un sourire éclatant dans le seul but de pousser son interlocuteur dans ses derniers retranchements. À des Italiennes qui avaient souffert pendant la seconde guerre, il fait sans complexe l'apologie du Duce. Il n'en pense pas un mot, mais il aime choquer et observer les réactions des gens. Cela fait partie de son personnage.

Du reste, Charles Trenet est indubitablement un homme de droite. Il n'est pas d'extrême-droite, mais cela ne le gêne pas du tout d'affirmer que Jean-Marie Le Pen ne dit pas que des choses inintéressantes. Il garde également un profond respect pour le maréchal Pétain. La politique l'intéresse peu, il n'a jamais voté. Mais il reste un libre-penseur, et peu lui importe l'avis d'autrui en la matière.

Pages précédentes : Marie-Louise Trenet-Caussat en avril 1962.

Charles Trenet fêtant son 58$^{\text{ème}}$ anniversaire à l'Olympia le 18 mai 1971.

Charles adorait sa mère : ils étaient inséparables.

## MALGRÉ SES IDÉES DE DROITE, LA GAUCHE LE VALORISE PARCE QUE SES CHANSONS CORRESPONDENT EXACTEMENT À L'IDÉOLOGIE DU FRONT POPULAIRE

Malgré ses idées de droite, c'est la gauche qui vient le chercher dès le début des années quatre-vingts et le valorise, parce que ses chansons correspondent exactement à l'idéologie du Front Populaire. Finalement, la politique ne l'intéresse que lorsque les politiques s'intéressent à lui. Quand Jack Lang demande à Trenet de chanter lors de ses campagnes, il le fait une fois ou deux, puis il arrête.
Cela ne lui procure pas l'ivresse qu'il trouve généralement sur scène et peut-être pas assez d'argent. D'ailleurs, il n'oublie pas de se faire payer pour ses prestations, politiques ou pas. En revanche, il n'accepte et ne sollicite jamais un quelconque passe-droit. Il veut rester propre. Il ne veut même pas demander un mur antibruit le long de sa maison d'Aix-en-Provence alors que le domaine est au bord d'une autoroute. Il reste très respectueux de l'argent public.

Roger Hanin, François et Danielle Mitterrand, Charles Trenet et Jack Lang lors d'un concert célébrant les 80 ans du chanteur.

Mistinguett et Charles Trenet au gala du Grand Palais de Paris en décembre 1943.

Page suivante : Avec son ami Charles Aznavour à Paris en octobre 1994.

C'est indéniable, le « fou chantant » aime l'argent et il en a beaucoup. Mais il ne faut pas imaginer les fameux adieux de Charles comme un coup médiatique, fomenté en vue de la reprise des affaires. Un trop long silence en est la preuve au début des années quatre-vingts, mis à part l'album hommage à sa mère, sorti très discrètement. On ne voit plus Charles Trenet, sauf ses intimes. Il est entré dans la légende. Il possède plusieurs maisons, il se met à en changer au gré des saisons. Il mange, il boit, nuit et jour. Les gens qu'il fréquente ne font que très peu partie du milieu artistique.

Hormis quelques grands maîtres, Charles a de l'admiration pour peu de gens. Ceux pour qui il a un vrai respect sont morts, cela évite la concurrence ! À propos d'Henri Salvador, il s'amuse : « son seul talent est son rire ! » Il est dur avec ses congénères, surtout de la même génération que lui. De Charles Aznavour, qu'il apprécie pourtant beaucoup, il ne peut s'empêcher de glisser parfois : « Tout Charles Aznavour qu'il est, il est incapable d'écrire, il ne sait pas faire ça.... ».

Trenet se place toujours plus haut que les autres. Auteur, compositeur, interprète, écrivain, il ne s'envisage qu'au-dessus de tous. C'est pour ça que Mistinguett ou Piaf avaient ses faveurs : elles ne pouvaient plus lui faire d'ombre. Autre marque indéniable de son égocentrisme, Charles n'écoute pratiquement que sa propre musique. Il met ses disques, à la fin des repas, dans son salon, dans la voiture, et il écoute attentivement. Il reste finalement dans son propre univers. Les autres l'importent peu.

Heureusement, dans l'intimité, en vacances, il ne parle pas que de lui et pose quelques questions. Le Trenet privé se différencie du Trenet public. On découvre à son contact un homme exceptionnel et on touche le génie du doigt.

Toujours est-il qu'en raison de son égocentrisme, il n'a jamais été en mesure de mener une vie de couple. Il partage strictement selon son bon vouloir et ne supporte que les gens qui lui sont subordonnés. C'est le prix à payer pour son indépendance et il n'en démordrait pour rien au monde.

On le taxe très certainement dans son dos de cynisme ou d'opportunisme parce qu'en public il se sert du prestige des personnalités qui l'accompagnent, alors qu'elles lui sont presque toujours indifférentes. Il ne s'en cache que dans la mesure de l'utilité, il n'y a là aucun mystère.Les mauvaises langues lui reprochent de profiter de la méthode dite de la « promotion canapé », par exemple en autorisant un jeune photographe à prendre des clichés de lui après qu'ils ont passé la nuit ensemble. Charles n'est pour-

Mireille félicitée par Aznavour et Trenet lors d' un
récital à Chaillot en mars 1983.

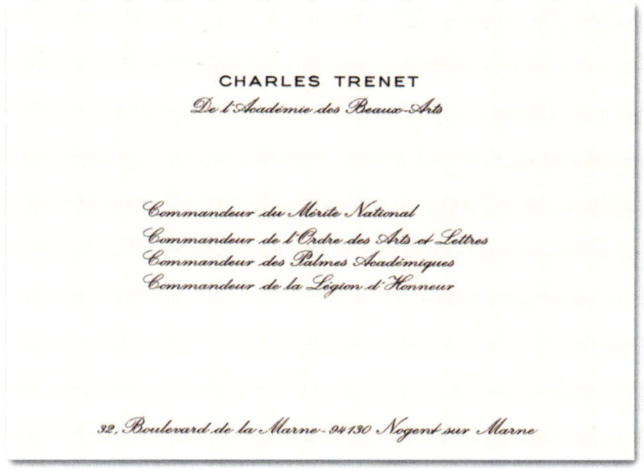

CHARLES TRENET
De l'Académie des Beaux-Arts

Commandeur du Mérite National
Commandeur de l'Ordre des Arts et Lettres
Commandeur des Palmes Académiques
Commandeur de la Légion d'Honneur

32, Boulevard de la Marne - 94130 Nogent sur Marne

tant pas plus retors que le milieu de requins dans lequel il évolue. Il se contente d'en tirer parti, tout en étant moins hypocrite que ses pourfendeurs. Sa solitude tient aussi à cela. Dans la douleur, souvent : à une certaine époque, les gens ont eu tendance à s'acharner contre lui, à le presser comme un citron. On en voulait à sa célébrité, à son argent. Il reste vigilant.

Charles s'amuse beaucoup des « processus créatifs » des autres artistes : « Ça me fait marrer, dit-il. Pour créer, on n'a pas besoin de s'extraire du monde pendant des mois. Quand ça vient, ça vient, et puis c'est tout ! Moi, ça vient tout le temps, la nuit, le matin. Je me mets au piano, les paroles viennent, c'est un enchaînement. J'ai juste à me saisir d'une feuille de papier… »

Il a un don déconcertant, une vraie facilité. Son écriture est fluide. Il manipule le latin comme personne. Ses chansons, véritables poèmes, sont des œuvres à part entière. Il aime son art profondément et on ne peut imaginer une seule seconde qu'il fasse ça uniquement pour l'argent. Ça a toujours marché pour lui, et même pendant cette période de silence, les droits d'auteur de ses grands tubes lui suffisent amplement pour vivre.

C'est à cette époque qu'il obtient son quota d'honneurs. On lui refuse la place qu'il réclame à l'Académie française, ce qu'il vit comme un affront, lui, l'amoureux des mots. Mais on lui décerne bien des titres : Légion d'honneur, Arts et Lettres, Ordre national du Mérite, il devient finalement commandeur dans toutes les catégories, grâce à l'intervention entre autres de Jack Lang, alors ministre de la Culture. Il faut bien l'avouer, les honneurs le chatouillent, ce qui peut parfois même être touchant. Quelques années plus tard, par exemple, il est très amusé par le fait d'habiter, à Narbonne, à une adresse qui porte son propre nom. Cela donne du piquant à son courrier : « Monsieur Charles Trenet, avenue Charles-Trenet, 11100 Narbonne ».

La carte de visite de Charles, où figurent tous ses titres et décorations.

Trenet décoré de la Légion d'honneur en mars 1998.

Domaine des Esprits
Route de Gallice
13 - Aix-en-Provence

De Saint Louis à Bellegarde
Une grand mère te regarde
emportée au fond d'un ciel noir
où quatre étoiles haletantes
ont le regard faux de ta tante
morte "victime du devoir."
Toi, pour chasser quelques
A ~~choisir~~ ~~parmi des~~ fantômes
Tu ~~vas~~ t'enfermes dans un placard
Il est déjà minuit et quart
Ta maison dehors est un dôme
Tu n'as pas dormi mais tu dois
D'un sommeil ô enfant de galère
Tu chantes des trallalalères
Pour vaincre la peur ~~de~~ de tes morts
Tiens toi sur ton qui-vive, alerte
Aux tiroirs de cette desserte
~~Ils~~ Il contiennent des bataillons
De menaces désespérées
De choses jadis adorées
Aujourd'hui de pauvres haillons

~~sur la toile~~

Tu n'as pas ~~besoin~~ cure de ce dôme
qui brille tout seul à l'écart
~~Ton sommeil~~ Tu chantes enfant de galère
Trialala ~~la coupe~~ de tralalalère
~~quand~~ tu chantes ~~dans~~ ~~ton placard~~ tralalalère
Pour vaincre ta peur au placard

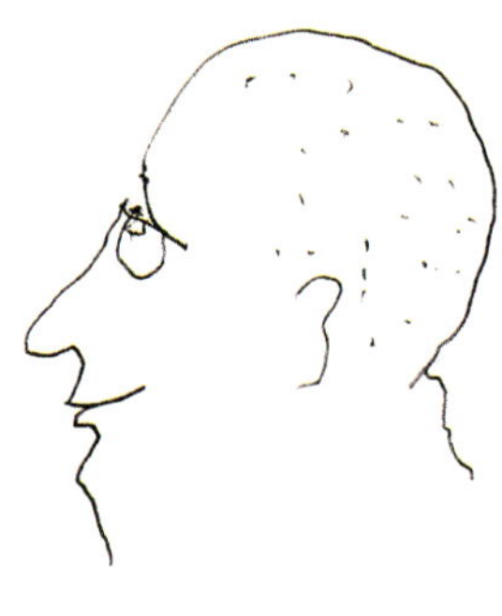

Poème manuscrit
de Charles Trenet.
brouillon comporte
également une
caricature
de Max Jacob.

Tais toi silence vieux ~~[illegible]~~ qui parle
~~par la voix d'un ancêtre preux~~
~~Tombé~~ demain c'est le jour de ~~le~~ jour de ~~la~~ Saint Charles
Aux croisades de pauvres lieux

Près du ~~vertige de l'Afrique~~
~~Du~~ haut des remparts il tomba
Et le corps tout droit comme un antique
Les yeux au ciel la tête en bas.

Allons il est temps de sourire
A tous ces monstres ~~dépouillés~~ et vampire
~~de leur vie [illegible] anonyme et [illegible]~~
de les tenir là, verrouillés

Maître de tes rêves, regarde
La grand mère qui n'ait qu'à toi
De Saint Louis à Bellegarde
~~Propriétaire~~ de ton toit.
~~Elle est ici~~
Elle demeure sous ton toit

et la voix d'un ancêtre preux
2 ~~dit~~ Elira ce son de face entendre
on trace le mur de ma chambre
les croisades sont dans les cieux

O le triste feu d'artifice
Du destin. le mauvais caprice
lui met soudain la tête en bas.

ils sont presque enfin ~~tous~~ oubliés
Pour la dernière fois regarde
De St Louis à Bellegarde ~~Des [illegible]~~ les châteaux
~~Ta [illegible] à tous verrouillés~~
Ils t'appartiennent verrouillés

Bonne maman ~~Elle est la [illegible]~~ en cour d'assise
avec des rires imprécis
se cabre dans l'acquittement
~~Un~~ vieux juge lui fait la tête
Traitant son petit fils poète
~~De~~ misérable garnement.

Avenue
Charles TRENET
Né à NARBONNE LE 18 MAI 1913

Charles Trenet le 19 septembre 1993 posant à côté du panneau de l'avenue où il réside, à Narbonne, et baptisée à son nom.

## EN 1987, JACQUES HIGELIN L'INVITE SUR LA SCÈNE DU PRINTEMPS DE BOURGES. CHARLES Y EST ACCLAMÉ.

Il donne encore des récitals, notamment au Québec, qu'il affectionne, ou à New York, sa terre promise de l'après-guerre. En 1985, un certain Gilbert Rozon, producteur québécois, lui envoie une lettre le priant d'accepter de se laisser produire. Il veut, coûte que coûte, que Trenet reprenne le chemin de la création. Il est jeune, ne connaît que très peu l'œuvre de Charles, mais il est subjugué par ce qu'il en découvre. Il veut le produire, lui rendre un énième hommage, relancer sa carrière. Il insiste malgré les refus répétés de Charles. Et il finit par obtenir gain de cause. Rozon devient un deuxième Hebey, l'impresario du passé, un ami.

En 1987, c'est Jacques Higelin, grand admirateur rencontré à plusieurs reprises, qui lui demande de monter sur scène pendant le Printemps de Bourges. De Trenet, Higelin a pillé le ciel bleu, la poésie aérienne et loufoque, la fantaisie ludique. Charles est acclamé ce soir-là par toute la jeune génération des fans du rock de Higelin. À partir de ce moment, Trenet quitte un peu son train de vie d'oiseau nocturne, qui lui est pourtant naturel. Il y vole certes à l'aise, en grand-duc. Mais ce qui lui importe le plus est le respect de son public et son goût pour la scène. C'est plus que du professionnalisme, c'est de l'amour fou lorsqu'il est en tournée et lors de ses représentations, il vit littéralement une vie d'ascète, ne voit personne en dehors de ses collaborateurs. Il est aisé de le comprendre dans la mesure où la scène lui est un élixir de jouvence ; il y perd une bonne vingtaine d'années.

Charles Trenet a découvert une formule qui permet de superposer le travail et la vie en les sublimant. C'est comme cela qu'en novembre 1987, il fait enfin sa rentrée en compagnie de Rozon. La résurrection a lieu au Théâtre du Châtelet. Nous sommes à la veille de Noël.

Je découvre en 1989 un nouveau Trenet qui a perdu du poids, qui a retrouvé une seconde jeunesse. Il vient de cartonner au Palais des Congrès. C'est une sorte d'archange, auréolé de son nom et de ses chansons. La moyenne d'âge de son public a rajeuni. Lui refuse obstinément de vieillir.

Je me suis glissé dans les coulisses du génie. Après notre première rencontre, une bonne semaine s'écoule. Le samedi suivant, coup de fil à la maison. Mon père décroche et me dit « C'est Charles Trenet au téléphone ». Je ne veux pas y croire mais c'est bien sa voix !
À ma grande stupéfaction, il me demande si je me souviens de lui, comme si j'avais pu l'oublier ! Il m'invite au Nogentel, près de chez lui, à Nogent-sur-Marne. Georges, le chauffeur de Charles et Christian Lebon, le jeune fondateur de l'association Charles-Trenet sont également présents. Durant le déjeuner, je parle de mes passions et surtout de mes imitations. J'emprunte les voix de Line Renaud, Mitterrand, Gaston Deferre… Charles a l'air d'apprécier et me demande de le tutoyer avant même la fin du repas. Il me demande aussi si j'ai un parrain ou une marraine dans le milieu du spectacle. Il me propose de le devenir. « Tu comprends, on pourrait croire que tu es mon petit copain… », ajoute-t-il.
Depuis ce jour, Trenet est mon parrain, au même titre que Jean-Jacques Debout, qui l'était déjà. Nous avons une plaisanterie tous les trois. Il y en a toujours un pour dire : « Voici Pierre-Jean, le fils que nous avons eu tous les deux ! Devinez de Trenet ou de Debout lequel est le père et lequel est la mère ! »
À la fin du déjeuner, il demande aux autres convives : « Pierre-Jean pourrait faire partie de la bande à Trenet, qu'en pensez-vous ? » Georges et Christian acquiescent et Charles conclut par : « Alors, il fait partie du club ! » Je comprends alors qu'il s'agit d'un déjeuner-test, car Charles se méfie beaucoup des gens et fuit les parasites. En revanche, une fois qu'il a donné son amitié, il devient d'une fidélité exemplaire. Ce premier rendez-vous détermine le reste de nos relations. Sans vraiment y croire, je sens bien que mon amitié avec Charles va durer. Et pourtant, il est difficile d'accès. J'ai vraiment eu beaucoup de chance de tomber sur lui. Quelques jours plus tard, il reprend sa vie de bohème, à courir de maison en maison, de Nogent-sur-Marne à Aix-en-Provence. Les retrouvailles n'ont lieu que quelques mois plus tard. J'appelle Georges de temps en temps pour avoir des nouvelles. Au printemps, nous nous revoyons. Je suis de nouveau invité au Nogentel, toujours avec la même bande. Puis chez Lipp, à plusieurs reprises. Les semaines passent.
Fin juin 1990, un jeudi, il m'invite à Nogent et au cours du repas, me propose de l'accompagner dans le Midi dès le lendemain. Très surpris, je lui balbutie que je ne suis pas contre, mais que je n'ai pas de bagages avec moi et que je n'ai prévenu personne. « Peu importe, me répond-il. Je te trouverai des vêtements, et tu peux repasser chez toi pour avertir tes parents ! » C'est ce que je fais. Mes parents réagissent très bien. Je n'ai droit qu'aux recommandations d'usage. Et dès le lendemain, je me retrouve sur la route avec Georges et lui. Je ne sais plus quelle voiture il a à l'époque, sans doute une Rolls. Moi qui ai les trajets en voiture en horreur, il me les fait aimer. L'intérieur est ultra-confortable, la sono impressionnante. Nous faisons escale à Lyon dans un restaurant gastronomique et passons la nuit dans un grand hôtel. Le lendemain en milieu de journée, on arrive à Aix-en-Provence au « Domaine des Esprits ». On reste là-bas cinq jours, avant de partir à Juan-les-Pins, dans une autre de ses maisons, car Charles ne tient jamais en place.
D'ailleurs, pour faciliter ses déplacements, il fait en sorte de ne pas avoir à faire et défaire ses bagages. Il a seulement un attaché-case avec de l'argent liquide. Pour le reste, il a dans toutes ses maisons une garde-robe prête à l'emploi, avec un nombre impressionnant de polos ! Il les trouve élégants et en accord avec l'image qu'il veut donner de lui-même. C'est pour lui d'une importance capitale. Il s'habille chez Pierre Cardin et songe à Jean-Paul Gaultier, l'un de ses fervents admirateurs, pour son habit d'académicien. Quant à Sonia Rykiel, il ne l'apprécie pas plus que cela et l'affuble du sobriquet désobligeant de « vieille momie ». Les portraits satiriques qu'il en esquisse l'amusent beaucoup.

Page précédente : Charles Trenet devant la piscine du « Domaine des Esprits » le 20 septembre 1993.

Pierre-Jean Chalençon et Charles Trenet en 1993. Charles a caricaturé son ami dans son uniforme de marin.

JEANNE D'ARC
Canon

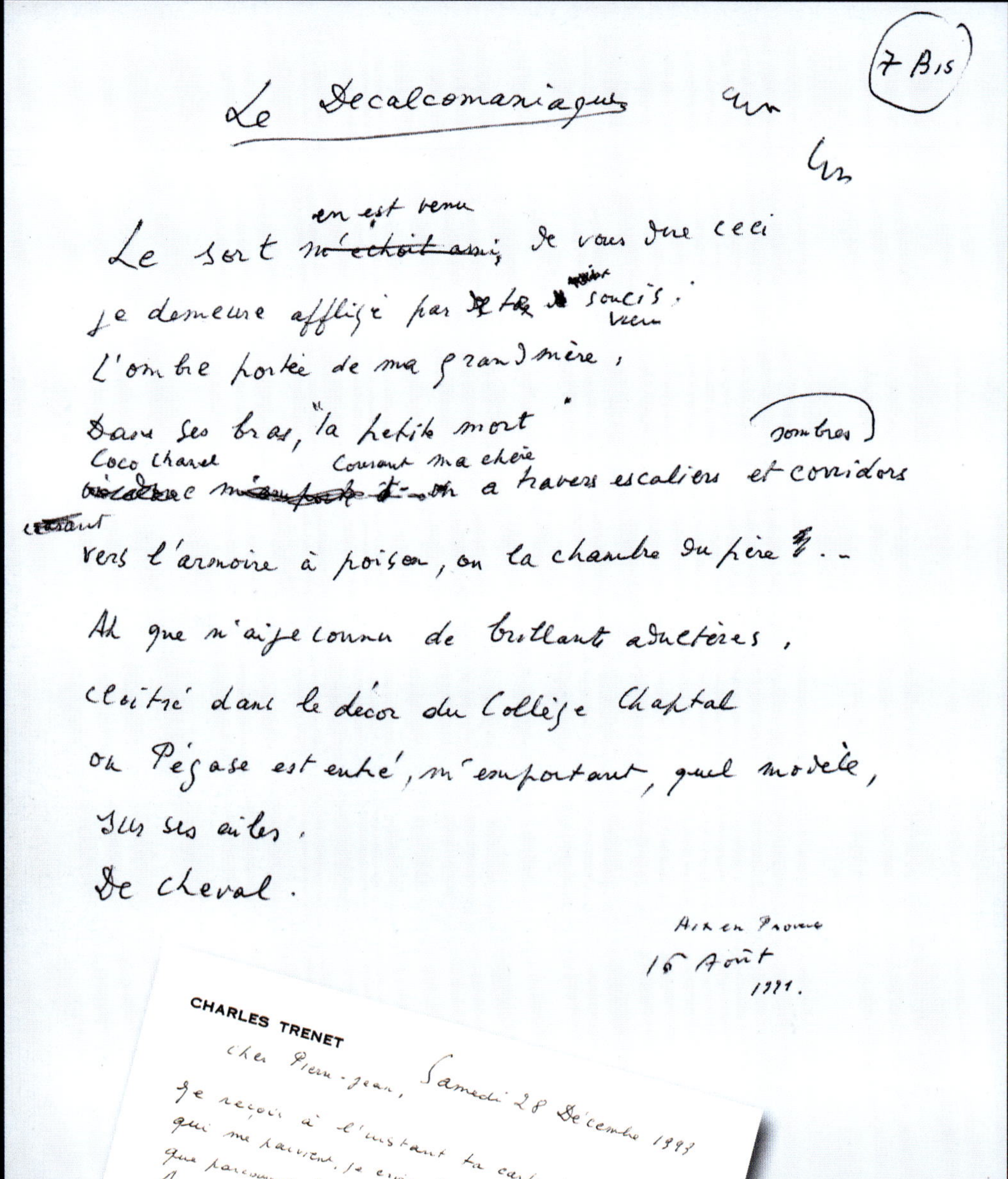

7 Bis

Le Décalcomaniaque

Le sort en est venu de vous dire ceci
je demeure affligé par [illegible] soucis :
L'ombre portée de ma grand mère ;
Dans ses bras, "la petite mort"
Coco Chanel courant ma chère à travers escaliers et corridors sombres
vers l'armoire à poison, ou la chambre du père ...
Ah que n'ai-je connu de brillants adultères,
cloîtré dans le décor du Collège Chaptal
où Pégase est entré, m'emportant, quel modèle,
sur ses ailes.
De cheval.

Aix en Provence
16 Août
1991.

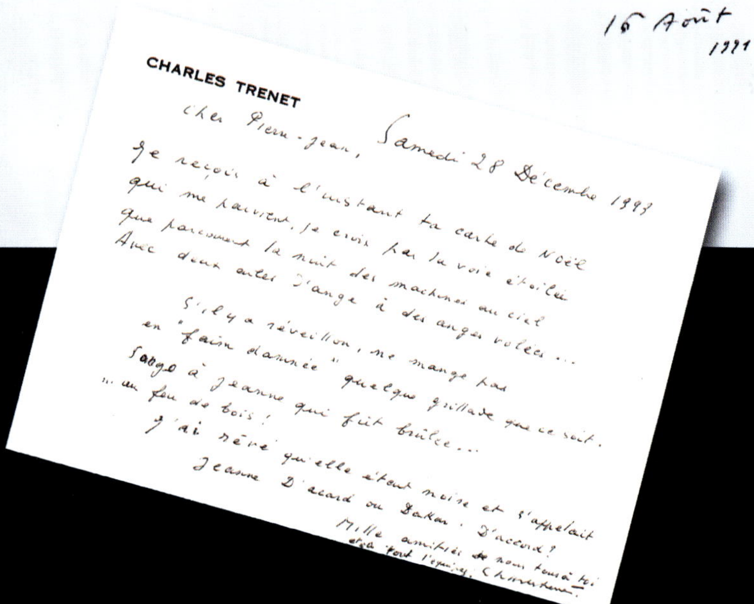

CHARLES TRENET

Cher Pierre-Jean, Samedi 28 Décembre 1991

Je reçois à l'instant ta carte de Noël qui me parvient, je crois par la voie étoilée que parcourent la nuit des machines au ciel
Avec deux ailes d'ange à des anges volées...

S'il y a réveillon, ne mange pas en "fain d'année" quelque grillade que ce soit.
Songe à Jeanne qui fut brûlée...
... au feu de bois !
J'ai rêvé qu'elle était noire et s'appelait Jeanne D'acard ou Dakar. D'accord ?
Mille amitiés de nous tous à toi et à tout l'équipage. Charles Trenet.

Manuscrit du *Décalcomaniaque* daté du 16 août 1990.

Extrait d'une carte de Charles Trenet envoyée à Pierre-Jean Chalençon durant son service militaire dans la marine.

Poème en prose dédié à Pierre-Jean

* * * * * * *

Château de l'au-delà, hall de gare interstellaire, hanté par les fantômes du passé, troglodytes rieurs ou clowns de cauchemar, chambre noire du rêve, portes de l'enfer donnant sur des escaliers de fer, navire englouti dans les farces de collège, illusions perdues et retrouvées, promenade funèbre au milieu de soutanes apprivoisées par le rire, émotions enfantines au comble de pipis mal contenus, fête foraine labyrinthique, encombrée de singes noyés dans des aquariums, sous-marin cousinant avec des ballons dirigeables dans la chambre mortuaire de Jules Verne encombrée de perroquets qui récitent ses oeuvres, monstres de métal, apocalyptiques, jaillis du délire d'un oiseau cruel, tel m'apparaît le Musée «juste pour rire» et tel sans doute qu'il doit être; poétique, dépaysant, charmeur, étincelant de créations diverses, quelle averse!

* * * * * * *

Pour toi Pierre Jean

Très Apocalyptiquement,

[illegible]

## AU FIL DES JOURS, JE DÉCOUVRE SON AMOUR DE LA GASTRONOMIE, DES BONS REPAS, DES BONS VINS.

Finalement, ses maisons sont comme des résidences hôtelières, où il n'a rien à faire. Une vie de nomade de grand luxe, du personnel dans chaque lieu. Il dépense des fortunes pour ses maisons.

Perfectionniste au dernier degré, Charles ne supporte pas la moindre écaille sur un mur. Pour y remédier, tous les ans, il fait refaire toutes les façades et tous les murs. Toujours des travaux quelque part. À Aix-en-Provence, pour ne pas être ennuyé par les mauvaises herbes dans la propriété, il fait construire un chemin en béton sur tout le terrain, afin de pouvoir marcher ou faire son footing sans risquer la moindre égratignure. Ce sentier est refait régulièrement et mesure des kilomètres.

Je passe ainsi mes premières vacances avec Charles. En devenant son ami, je donne à Georges El Hassidi, son chauffeur et secrétaire, l'occasion de prendre des vacances pour la première fois. Charles ne peut se passer d'une présence.

Au fil des jours, je découvre son amour de la gastronomie, des bons repas, des bons vins. Luypaerts, son pianiste pendant la guerre, a également bénéficié de ce trait de caractère qui contribue à faire de lui un véritable symbole de cette France réputée friande de tout ce que la vie peut apporter de plaisirs, la bonne chère y tenant une place de choix. Il est indiscutablement d'un naturel sympathique et nous ne nous disputons jamais. De mauvaises langues lui taillent une réputation de star capricieuse, acariâtre voire colérique, mais il est plus judicieux de reconnaître qu'il est surtout très exigeant envers tout ce qui concerne le domaine pratique, y compris sa carrière artistique. Face à l'insatisfaction, à l'imperfection de son travail, il est intraitable.

Parfois, évidemment, notre différence d'âge fait que je m'ennuie un peu, mais nous savons l'un et l'autre nous mettre à l'écart et vivre notre vie tout en étant dans la même maison. On se retrouve toujours pour les repas, mais nous

Maison de Juan-les-Pins. Charles Trenet lui-même en a dessiné les plans.

Charles Trenet sur le port de Cannes le 17 septembre 1993.

# AVEC CHARLES, LES DÎNERS NE SE TERMINENT JAMAIS AVANT 4 HEURES DU MATIN.

ne partageons pas tous nos instants. C'est peut-être pour cela qu'il n'y a jamais de tension entre nous. Parfois il m'incite à sortir seul car il a peur de voir du monde, d'être reconnu ; il préfère s'isoler. Il ne reçoit chez lui qu'en vacances, et encore, très peu. Il préserve son domaine, au sens propre comme au sens figuré, et il se protège du monde. Un de nos bons moments, tout de même, est de sortir faire les courses. Il faut dire que les repas sont toujours au centre de la vie de Charles. Il prépare ses menus méticuleusement. Un jour, vers un rayon quelconque de la supérette du village, Charles disparaît. Soudain, une tape dans le dos : « Tu aurais tort de louper celle-là, Pierre-Jean . » C'est Georges. Il m'indique vers le rayon des laitages un olibrius perché sur un caddie et portant sur la tête un sac plastique. Il roule à toute vitesse dans notre direction dans un éclat de rire. Trenet fait des courses au supermarché comme un gosse dont l'imagination prend le pas sur la réalité !

Monsieur Trenet vit le plus souvent dans le quotidien le plus simple, mais il sait décidément le transfigurer.

À notre retour, nous prenons l'habitude de nous voir régulièrement. Nous passons énormément de temps à table. Le personnel de chez la Lorraine ou du Lipp pourrait d'ailleurs en témoigner. Ils voient déferler le club sur leurs plate-bandes d'un fort mauvais œil : lorsqu'il s'agit de déjeuner, nous ne quittons pas la place avant dix-neuf heures. De même, nos dîners ne se terminent jamais avant quatre heures du matin.

Lors de nos repas, il se montre fin gourmet. Il raffole des grosses huîtres et des asperges. La plupart du temps, ce sont les plats en sauce ou l'aïoli qui garnissent sa table, sans oublier le caviar. Il ne se prive de rien et n'en prive pas ses invités. L'œnologie le passionne. Son vin de prédilection est le Château-Simone, un délicieux et rare rosé du Midi.

On ne peut évidemment pas boire uniquement du vin. Le digestif est un rituel. Charles a ses périodes. Longtemps, il se contente de whisky. Le JB a sa préférence, mais il met

Charles Trenet à Antibes devant sa Rolls Royce, la « Dame blanche », le 17 septembre 1993.

**EN DÉPIT DES RUMEURS, TRENET EST PRODIGUE. PAYER POUR LES AUTRES LUI CONFÈRE UN STATUT SUPÉRIEUR ET LE PLACE AU CENTRE DE L'ATTENTION.**

un point d'honneur à varier les plaisirs. Il passe donc à la « carafe d'eau ». Entendre par là : la bouteille de Cointreau qu'il commande au terme de tous les repas pris chez Lipp. À la fin de sa vie, il s'est mis au cognac.

En dépit des racontars, Charles Trenet est prodigue. Il règle presque toutes les notes. Payer pour les autres lui confère un statut supérieur et le place au centre de l'attention des convives. Cette générosité entre certainement dans l'idée qu'il se fait de l'indépendance. Seuls ses producteurs sont autorisés à régler l'addition à sa place, comme Aznavour qui a racheté en 1992 les studios Breton avec lesquels le « fou chantant » a collaboré très longtemps, ou encore son producteur Rozon, car il estime que ces derniers gagnent suffisamment d'argent grâce à lui pour pouvoir lui payer un repas de temps à autre. Il joue d'ailleurs de la rivalité professionnelle qu'il prend soin d'instaurer entre l'éditeur (Aznavour) et le producteur (Rozon). À peine a-t-il dans la manche une nouvelle création, sachant pertinemment que la qualité de l'œuvre toute fraîche trouvera son équilibre entre le commerce et l'esthétique, que la ruée vers l'or s'annonce. « Vais-je la vendre à Aznavour ou à Rozon ? » me demande-t-il parfois d'un air amusé. En ce sens là, strictement financier, Charles les a à sa botte.

5 février 1999 : Charles enregistre une chanson à la Maison de la Radio. Le fidèle Georges est derrière lui.

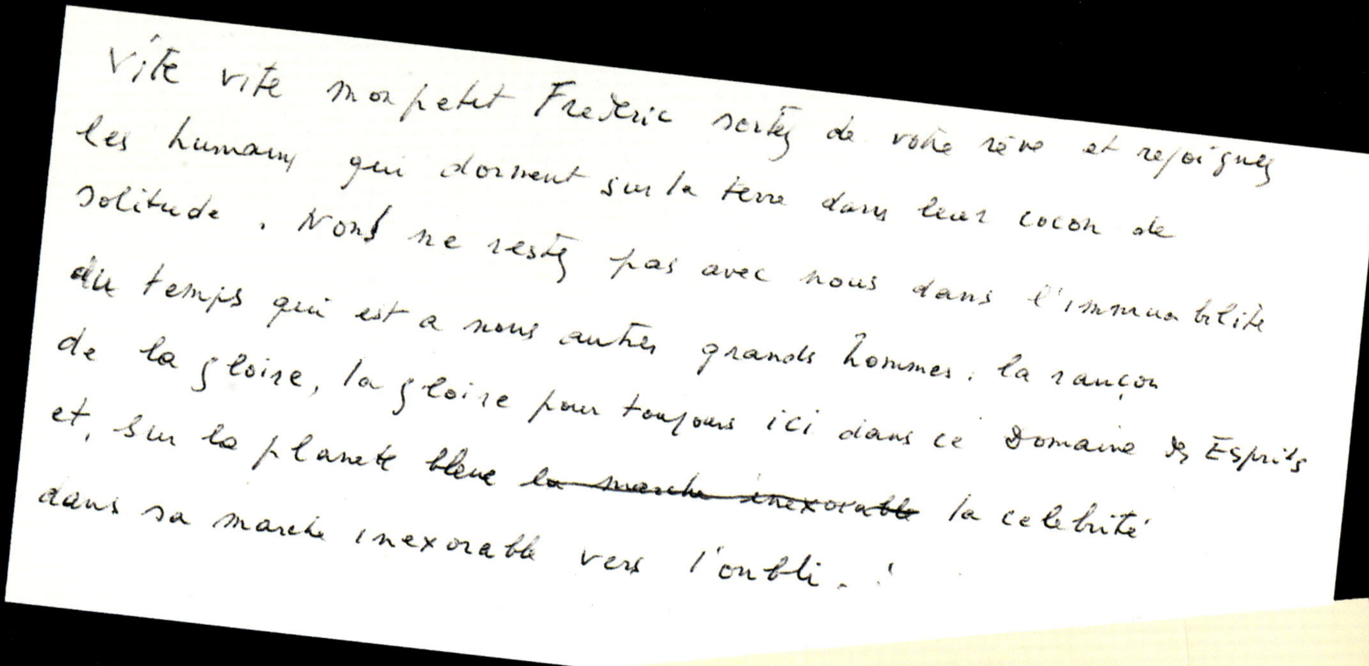
Vite vite mon petit Frédéric sortez de votre rêve et rejoignez
les humains qui dorment sur la terre dans leur cocon de
solitude. Vous ne restez pas avec nous dans l'immuabilité
du temps qui est à nous autres grands hommes: la rançon
de la gloire, la gloire pour toujours ici dans ce Domaine des Esprits
et, sur la planète bleue ~~la marche inexorable~~ la célébrité
dans sa marche inexorable vers l'oubli..!

*Le Domaine des Esprits*,
texte de 1994 sur Frédéric Mitterrand.

La carte de la brasserie Lipp où Charles Trenet se rendait fréquemment ainsi que des dessins qu'il griffonnait au cours des soirées qu'il y passait.

Illustration du menu d'anniversaire de Trenet
célébré à Gruissan en 1992.

# REFLETS D'ARGENT

L'avarice de Trenet est presque devenue légendaire : aujourd'hui, ce trait de caractère est rarement omis lorsqu'on évoque le personnage, mais il est en fait difficile de déterminer son rapport à l'argent. Ici comme ailleurs, il fait preuve d'une complexité désarmante. Il lui arrive de dépenser sans compter, il peut se le permettre.

Toutefois, il rechigne à prêter et lorsque c'est le cas, il exige d'être remboursé dans de très brefs délais. Pour cette raison, il a un différend avec Franck, son neveu qui lui a emprunté la somme de 20 000 francs. Pour Charles, cela représente une broutille : après impôts, il se vante de s'octroyer chaque jour 10 000 francs d'argent de poche, ce qui n'est pas difficile à croire, étant donné que la mallette qui le suit dans tous ses déplacements est constamment garnie d'au moins 100 000 francs. Il craint de manquer de quoi que ce soit et s'en préserve admirablement. Il fallait sans doute y voir un réflexe contracté pendant la guerre de 39-45. Bien des représentants de sa génération sont obsédés par la nourriture pour le reste de leur vie à cause des privations subies.

À côté de cette nécessité d'avoir toujours de l'argent sur lui, et de ne le distribuer que selon des règles mystérieuses, il ne sait pas faire fructifier ou gérer son argent. Avec les moyens financiers qui sont les siens et ses formidables connaissances dans le milieu artistique, il pourrait se constituer une formidable collection de tableaux. Il possède bien quelques objets de grande valeur qui lui sont gracieusement offerts par des amis, souvent les artistes eux-mêmes. Mais sa marotte, c'est les voitures et il préfère en acquérir encore et encore. C'est un homme à bolides, et il ne se soucie pas une seconde que cette partie de son patrimoine se dévalue avec une rapidité déconcertante.

Il ne s'agit donc pas d'avarice, mais d'un rapport compliqué à la valeur de l'argent et à son utilisation. Dans ses mémoires, Jean-Claude Brialy critique vivement la pingrerie de Trenet, lui reprochant de toujours demander de l'argent en échange de ses apparitions. Cela n'est pas très élégant, dans la mesure où Brialy est souvent invité à la table de Charles. Ceci dit, Charles s'est vengé d'avance grâce à l'un de ses bons mots : « Brialy brille partout sauf au lit ! »

Malgré tout, il est vraiment déplacé de dénigrer quelqu'un qui n'est plus là. Pourtant, Charles fait toujours attention à qui il invite à sa table. Il se cherche un auditoire, cela le flatte d'être en compagnie de quelqu'un d'important et cela lui permet de cabotiner comme il aime tant le faire. Mais il n'est pas prêt à recevoir n'importe qui. Il a dû souffrir, plus jeune, de l'indélicatesse de gens qui ont profité de lui

Charles Trenet et Georges El Hassidi en Rolls Royce dans les rues de Nice le 16 septembre 1993.

Jean-Claude Brialy et Charles Trenet pendant la fête d'anniversaire de ce dernier et de Charles Aznavour le 22 mai 1999.

Trenet avec un morceau du gâteau de son 82ème anniversaire chez Lipp le 20 mai 1995.

Y'A D'LA JOIE
A TOUT

Cher
Pierre Jean
Voici mon dernier
D.C.
Après cela
Je ressusciterai!
En compagnie
de ton amitié
Charles
1992

et ne veut plus se retrouver à payer systématiquement pour des personnes qui n'en valent pas la peine.
Parmi les méfiances et les inimitiés, on peut citer Bernard Tapie. Le personnage fait peur à Trenet ; il ne veut pas avoir affaire à lui, il dit de lui : « C'est le connétable du déclin ». Un soir, lors d'un concert de Jean-Jacques Debout, auquel Charles est venu assister, avant d'entrer dans la salle, Tapie est là. Il se précipite sur Charles pour le saluer. Dans la pénombre, Charles lui serre la main sans vraiment comprendre de qui il s'agit. Lorsqu'il réalise, il est catastrophé. Il nous faudra plusieurs minutes pour le convaincre de rester quand même, et d'assister au concert. Finalement, il ne se calme que lorsqu'on lui assure qu'il n'y a pas eu de photo. Car l'image qu'il donne de lui fait, dans une certaine mesure, partie du métier et les gens aux côtés desquels il apparaît ne sont jamais choisis au hasard. Il s'est forgé une sorte de carapace sous laquelle il se protège, et son inimitable sourire jusqu'aux oreilles en fait partie. Il me répète souvent : « Devant les caméras, il faut sourire, quoi qu'il arrive, sinon ça ne passe pas du tout. Même si l'on te dit des horreurs, surtout n'oublie jamais de sourire ! »

**IL ME RÉPÈTE SOUVENT : « DEVANT LES CAMÉRAS, IL FAUT SOURIRE, QUOI QU'IL ARRIVE, SINON ÇA NE PASSE PAS DU TOUT. MÊME SI L'ON TE DIT DES HORREURS, SURTOUT N'OUBLIE JAMAIS DE SOURIRE ! »**

Lorsqu'il invite à déjeuner, il affiche donc toujours cette expression enjouée que la postérité retiendra et il paye tout avec une générosité incroyable. Il se présente, fier comme Artaban, bardé de ses décorations, et les déjeuners prennent l'allure de réunions de famille d'où les convenances fastidieuses seraient bannies.
En plus des victuailles et du vin, le soleil et le rire constituent notre ordinaire. Chacun y va de son bon mot ou de sa petite anecdote croustillante, encore deux disciplines où Charles ne manque pas d'exceller. Certaines de ces histoires sont récurrentes. Leur énonciation tient lieu pour nous d'une sorte de tradition, mais nous ne nous en lassons pas. Le « fou chantant » penche parfois dangereusement, tout comme Narcisse qui a fini par se noyer dans le lac où il se mirait, mais il n'est pas complètement réfractaire à l'autodérision.
C'est pourquoi il aime évoquer la période au cours de laquelle j'ai dû me présenter sous les drapeaux. Cela s'est passé en 1992. Charles m'a alors conseillé d'intégrer le théâtre aux armées, comme il l'avait fait lui-même lorsqu'il lui a fallu endosser l'uniforme. Le jour venu, je formule ma demande au colonel, précisant, pour faire impression, qu'il s'agit là d'un conseil de mon illustre parrain. À mon grand étonnement, l'officier éclate de rire et finit par m'expliquer que le théâtre aux armées n'existe plus depuis 1945. Il est vrai que Trenet ne se soucie que très peu de l'évolution du corps militaire. Cette erreur de jugement nous donne l'occasion, à Charles et moi, d'exécuter un duo dont la mise en scène se perfectionne au fil des soirées. J'en suis très fier car Charles, malgré la formule qui lui a permis de monter pour la première fois sur les planches, répugne à partager la vedette. Il ne supporte pas la rivalité.
Parmi les anecdotes qu'il aime beaucoup raconter, figure aussi celle où il imite son grand-père disant : « l'Empereur, ayant eu connaissance de ma bonne conduite, me fit décorer sur le champ de bataille ». Je réponds alors, prenant la voix de Charles, enfant : « Oh, grand-père, l'Empereur vous a-t-il embrassé ? » Et Charles termine en riant « Non, il n'a pas pu, il était à cheval ! » Cette petite blague véridique est un grand classique des déjeuners et une démonstration de notre complicité.
Monsieur Trenet aime les messieurs, c'est un fait, mais ce n'est pas exclusif. Il lui est arrivé dans ses jeunes années d'entretenir des relations sans suite avec des femmes. Ainsi, à Berlin, alors qu'il découvre le monde, il me raconte qu'il est tombé amoureux d'un jeune officier allemand après avoir connu l'amour charnel en compagnie de Marlène Dietrich. Mais il préfère les hommes. La seule femme qui a de l'importance à ses yeux est sa mère. Elle a été la femme, l'amour de sa vie. L'affection qu'il portait à Antoine, son frère mort prématurément, était sincère. Il garde de lui un souvenir ému car il l'a épaulé lorsqu'ils étaient enfants et pensionnaires à Béziers, sans leurs parents. La première chose qu'il me fait voir dans sa maison d'Aix-en-Provence est d'ailleurs un portrait d'Antoine.
Mis à part sa mère, Charles est quelque peu misogyne, et il y a très peu de femmes dans son entourage. Lors des déjeuners, il s'affiche avec une starlette ou une petite célébrité, mais cela ne va jamais plus loin. Sur la fin de sa vie, il fréquente sa demi-sœur, Lucie. Après le décès de son mari, qu'il n'aimait pas vraiment, il se rapproche d'elle. Je me souviens d'un déjeuner avec Pierre Barillet et Christian Lebon, où Charles nous a annoncé : « Je vais vous présenter à ma sœur ! » Pierre se penche vers moi et me dit : « tu vas voir, c'est encore une blague, on va voir débarquer un travesti ! » Et puis à la fin du repas, on a vu arriver Lucie, c'était vraiment sa sœur ! D'ailleurs, cela se voyait sur son visage, ils se ressemblaient. Il nous avait trompés en nous disant la stricte vérité.

# AU BOUT DE LA ROUTE

Il faut attendre 1992 pour voir la sortie d'un nouvel album, *Mon coeur s'envole*. Pour ses quatre-vingts ans, beaucoup de chanteurs interprètent ses compositions dans une émission spéciale. Cette dernière s'intitule « Trenet a rendez-vous avec la Une ». Il est flatté pour le principe, c'est tout.

Lors de l'enregistrement, il ne cherche à sympathiser avec aucun de ces jeunes chanteurs. D'ailleurs son apparition sur le petit écran coûte une véritable fortune (un million de francs) aux producteurs. Charles a fixé ce prix plus que déraisonnable pensant obtenir par ce biais un effet dissuasif. Cette erreur de calcul lui permet d'enfler son compte en banque et de se payer une Bentley.

À propos de la chanson *Douce France*, réinterprétée par le groupe Carte de Séjour dans les années quatre-vingts (avec Rachid Taha), il se montre moqueur et plutôt réservé. Il est assez fier, en revanche, d'avoir écrit une chanson pour Dalida, *Le Visage de l'amour*, mais lorsqu'il s'agit de jeunes artistes qui reprennent ses morceaux, il reste perplexe et pas forcément ravi. C'est quelque chose qu'il ne dit jamais en public mais qu'il pense foncièrement.

De la même manière, il fait très peu de duos, sauf avec Jean-Jacques Debout, parce qu'ils sont amis de longue date et qu'il n'est pas question de concurrence entre eux. Ils se voient peu, mais l'amitié est intacte. Debout est son fils spirituel dans la chanson, cela ne fait aucun doute. Ils ne se sont jamais trahis ou perdus de vue. Sur scène, ils exécutent un duo mémorable à la fin d'un concert de Jean-Jacques, sur *La Mer*, où Charles apparaît dans la lumière comme par enchantement. Le public est en liesse. C'est vraiment un moment magique, exceptionnel, placé sous le signe de la complicité. Jamais Charles n'aurait fait ça pour quelqu'un d'autre.

Ses chansons sont décidément hors du temps, comme il le confirme avec *Fais ta vie*, en 1995. Il se produit toujours assez régulièrement, notamment à Nyon (en Suisse) lors d'un festival en 1998. Il a quatre-vingt-cinq ans, mais n'a rien perdu de sa vivacité sur scène.

Les dernières années de Charles Trenet tournent autour du bien-vivre. Il veut jouir de la vie dans l'excès. Il ne faut surtout pas perdre de vue que la sagesse de ce libre-penseur s'accouple en permanence avec la folie et c'est bien là ce qui fait de lui un bohème...

Environ trois ans avant sa mort, il a commencé le compte à rebours et tire le maximum de ses derniers instants parmi nous. Il sent très certainement que son corps ne le suit plus forcément, qu'il est plus fatigué, qu'il fait moins de marche et moins de sport. Il évoque sa mort en toute

Charles Trenet devant sa maison d'Antibes le 17 septembre 1993.

## CE N'EST QUE LORSQU'IL SENT QUE LA NATURE EST PLUS FORTE QU'IL PRÉFÈRE COUPER COURT ET ACCEPTER LA MORT.

simplicité : en 1997, nous nous promenons à Aix-en-Provence dans le jardin, et Charles m'emmène devant la chapelle. D'ailleurs, cette chapelle est en fait un garage transformé en lieu de culte typiquement provençal. Encore une lubie tout à fait propre à sa folie douce ! Il me dit : « Tu vois cette chapelle ? J'aimerais bien être enterré ici. Comme ça, Gora pourra faire payer l'entrée. Il se ferait assez d'argent, ce serait bien pour lui. Et puis je serais pour toujours face à la Sainte-Victoire ! »
C'est vrai que la vue sur la montagne est magnifique depuis le jardin du « Domaine des Esprits ». C'est la première fois que Charles me parle concrètement de sa mort. Mais au fond, il préfère reposer à côté de sa maman, à Narbonne. Je lui réponds qu'il est encore trop jeune pour parler de la mort. Mais il me coupe la parole et me dit : « Non, c'est l'heure et puis de toute façon, je sais quand je partirai. J'ai assez vécu, je partirai à quatre-vingt-huit ans. » C'est la fin de la conversation. Et les événements montrent qu'il a raison. Il est parti à quatre-vingt-huit ans. Celà dit, cette façon de programmer sa mort lui ressemble bien. Charles n'aime pas subir, il gère tout, sa carrière comme ses histoires personnelles.
Son dernier album, en 1999, s'intitule *Les Poètes descendent dans la rue*. Ses trois grands derniers concerts ont lieu dans la salle Pleyel à la fin de la même année et il s'y prépare comme un grand sportif. Il veut absolument pallier ses trous de mémoire, il s'enferme donc trois mois avant pour être au top. Il a pourtant des vertiges. Le premier soir à Pleyel, il doit chanter assis, ce qu'il vit très mal. Mais il fait face à la vieillesse et à ses avatars.
Ce n'est que lorsqu'il sent que la nature est plus forte qu'il préfère couper court et accepter la mort. Pleyel est vraiment son adieu. Le lendemain du dernier soir, il a souhaité faire la fête sans arrêt. Cela dure plusieurs semaines, sans interruption. Les repas sont pantagruéliques, l'alcool coule à flots, les volutes des cigares s'accumulent. Je me demande comment il parvient à tenir ce rythme. Là aussi, c'est comme son dernier tour d'honneur. Il invite pendant cette période tous ses amis, les plus récents comme les anciens.
En février 1999, il a sa première attaque cérébrale. Je me demande souvent s'il ne fait pas exprès d'enchaîner ainsi

Concert de Charles Trenet, salle Pleyel, le 4 septembre 1999.

les repas et les alcools, comme pour accélérer son départ d'une manière élégante, après un bon verre de cognac. On a très peur. Il est hospitalisé à l'Hôpital américain. Je dois le voir ce matin-là, je l'apprends de Georges par téléphone.
Je le vois une douzaine de jours après son attaque. Je le trouve amaigri et fatigué. Il a un peu de mal à parler, mais il semble quand même en bonne forme. Il est terrible avec les infirmières et très volontaire. Il passe quelques semaines en maison de repos à Louveciennes où il se remet bien. Il souhaite sortir à tout prix pour passer les vacances à Aix-en-Provence avec une aide médicalisée. Je ne passe pas cet été-là avec lui, je travaille, mais je me tiens au courant. De toute façon, il ne souhaite voir personne tant qu'il n'est pas « visible ». Il se fiche du regard des autres, mais il est coquet et préfère se montrer sous son meilleur jour. En octobre 1999, j'appelle et Georges me dit de les rejoindre à la Closerie des Lilas. Je suis agréablement surpris par son état, il se porte presque aussi bien qu'avant l'incident. Sa voix est un peu cassée mais largement audible. Et surtout, il n'a rien perdu de son esprit facétieux. Jusqu'à sa deuxième attaque en février 2000, nous nous voyons beaucoup et je le trouve plutôt gaillard. Nous allons au Fouquet's, aux Grandes Marches ou à la Closerie des Lilas. J'apprends par la suite qu'il a en fait arrêté son traitement pour ne pas être diminué et surtout ne pas se priver. De toute façon, il a perdu l'usage d'une main et ne peut plus jouer du piano. Cela a dû être une dure épreuve pour lui. Il aurait sans doute vécu plus longtemps en arrêtant de boire et de fumer. Mais il ne sait pas se priver.
Il commande autant de plats et de nourriture qu'avant, mais il ne parvient plus à manger les mêmes quantités. Pendant ces derniers repas, il fait beaucoup de dessins et laisse beaucoup de souvenirs à ses proches. Il est devenu un agneau, beaucoup moins agressif, tout en restant très lucide. Il souhaite voir Jean-Jacques Debout et Chantal Goya, mais le repas ne se fait pas. Et puis le samedi matin, je reçois un coup de fil de Georges m'annonçant la seconde attaque de Trenet. Il reste hospitalisé pendant huit jours.
Notre dernière rencontre est pour moi la plus importante. Comment laisser l'homme de votre vie partir sans vous ? Je le vois la veille de sa mort. Je passe deux heures avec lui, il est dans le coma. Je lui prends la main, il la serre très fort. Je l'embrasse. Le lendemain, en me levant, j'entends à la radio l'annonce de son décès. C'est fini, il est parti. Après deux attaques cérébrales en moins d'un an, il décède le 19 février 2001. La mort a eu raison de lui, mais c'est tout de même lui qui a choisi.
Son enterrement a lieu à la Madeleine. Il est amusant de voir qu'à ses obsèques, on ne voit pas ou presque pas d'hommes politiques de droite. Alors que Jospin, Delanoë, Lang et bien d'autres sont présents. Trenet était pourtant de droite, mais la droite a laissé Trenet et son image de la France à la gauche. D'autant plus qu'il s'est senti abandonné par la droite après l'accusation de pédophilie dont il a été victime dans les années 60. Comme il est très rancunier, il n'a jamais pu leur pardonner.
Il n'a pas préparé sa succession, ce qui est étonnant pour un fils de notaire ! Il disait toujours : « Après moi, le déluge ! » Là aussi, il a appliqué la formule à la lettre. Il se fichait de ce que deviendraient ses maisons et son argent. C'est Georges El Hassidi qui a hérité.
Georges était une sorte d'ombre de Trenet, il l'accompagnait partout. Il avait pris depuis plusieurs années le titre de secrétaire, mais son rôle était surtout d'être là, tout simplement, en week-end comme à l'Élysée ou dans un grand dîner. Si vous en aperceviez un, vous aviez de fortes chances de voir l'autre juste derrière.

**LE MONDE DE TRENET EST PARTI AVEC LUI. L'HOMME RESTE DANS LE COEUR ET DANS LA TÊTE DE SES PROCHES COMME DANS LA MÉMOIRE COLLECTIVE DES FRANÇAIS.**

De son patrimoine, il reste sa maison narbonnaise, la plus chère à ses yeux. Aujourd'hui, le lieu où le « fou chantant » poussa son premier cri est, comme c'est souvent le cas pour des bâtisses de cette importance, transformé en musée. Le revenant se plait à y accueillir bon nombre d'invités. Quant aux tableaux qui ornaient ses multiples résidences, ils ont donné lieu aux expertises de rigueur. On découvrit alors que ses tableaux de maîtres, notamment des toiles d'Utrillo, de Marie Laurencin, de Chirico et de Renoir, avaient été revendus et remplacés par des reproductions voire des photocopies couleur dans le but de mieux profiter de l'argent à l'état liquide. L'apparence et le faste lui suffisaient, ce qui peut être rapproché de son goût pour les fleurs artificielles. Nul n'en a rien su avant. De même, il avait découpé de son vivant les autographes dans des exemplaires de livres dédicacés par François Mauriac ou Jules Supervielle pour les encadrer, ce qui a fait perdre toute valeur aux ouvrages. L'œuvre de Charles n'a pas été préservée dans une fondation, et cela est vraiment dommage que l'on n'ait pas pu faire classer les maisons dans lesquelles il a vécu. Le monde de Trenet est parti avec lui. L'homme reste dans le cœur et dans la tête de ses proches, tout autant que dans la mémoire collective des Français. Et c'est bien l'essentiel.

Au « Domaine des Esprits », en août 1995.

Tête de
"jeune homme
du 16ème"
(arrondissement)

Pour Pierre Jean
CHALENÇON

Charles Trenet.

Août 1995